Die Entstehung des Anspruchs als Anknüpfungspunkt für den Beginn der Verjährung

Europäische Hochschulschriften Recht

European University Studies in Law

Publications Universitaires Européennes de Droit

Band/ Volume **6299**

Oliver Koos

Die Entstehung des Anspruchs als Anknüpfungspunkt für den Beginn der Verjährung

PETER LANG

Bibliografische Information der Deutschen Nationalbibliothek
Die Deutsche Nationalbibliothek verzeichnet diese Publikation in der Deutschen Nationalbibliografie; detaillierte bibliografische Daten sind im Internet über http://dnb.d-nb.de abrufbar.

Zugl.: Marburg, Univ., Diss., 2021

D 4
ISSN 0531-7312
ISBN 978-3-631-87505-6 (Print)
E-ISBN 978-3-631-87902-3 (E-PDF)
E-ISBN 978-3-631-87903-0 (EPUB)
DOI 10.3726/b19706

Peter Lang – Berlin · Bern · Bruxelles · New York · Oxford · Warszawa · Wien

Diese Publikation wurde begutachtet.

www.peterlang.com

“Meiner Familie und meinen Freunden”

Vorwort

Die vorliegende Arbeit, die im Sommer 2021 fertiggestellt wurde, lag dem Fachbereich Rechtswissenschaften der Philipps-Universität Marburg als Dissertation vor.

Mein Doktorvater, Herr Prof. Dr. Wolfang Voit, hat meine berufsbegleitend entstandene Arbeit mit viel Geduld begleitet und mir wertvolle Anregungen gegeben, wofür ich mich herzlich bedanke. Ich danke auch Frau Prof. Dr. Budzikiewicz, insbesondere für ihre sehr zügige Zweitbegutachtung der Arbeit.

Meiner Familie danke ich für die Unterstützung, die mir mein Studium erst ermöglicht hat. Ihr und meinen Freunden danke ich auch herzlich für die Nachsicht angesichts meiner in die Arbeit investierten Zeit, die für anderes häufig fehlte.

Königstein im Taunus, März 2022
Rechtsanwalt Dr. Oliver Koos

Inhaltsverzeichnis

A. Einleitung und Problemstellung[1]

Die Verjährung hat enorme praktische, vor allem wirtschaftliche Bedeutung und wurde schon früh als eines der wichtigsten Rechtsinstitute bezeichnet.[2] Sie wirkt sich nicht nur unmittelbar auf die bestehenden Ansprüche aus, indem sie diese entwertet[3] und damit faktisch[4] untergehen lässt,[5] sondern hat auch Auswirkungen auf den Beweissicherungs- und Dokumentationssaufwand im Geschäfts- und Rechtsverkehr.

I. Die praktische Bedeutung der Verjährung

Schon in den Motiven des BGB war die wirtschaftliche Bedeutung der Verjährung mit erfrischender Aktualität[6] beschrieben: Seinerzeit wurde diskutiert, ob eine Abkürzung der Verjährung ein Mittel sein könnte, die Zahlungsmoral zu verbessern:[7] Mit dem sog. „Borgsystem" im Geschäftsleben war ein Kreislauf entstanden, in dem Konkurrenten ihre Außenstände nicht zeitnah eintrieben, was in der Folge allen Betrieben, die keine Kunden an die großzügigere Konkurrenz verlieren wollten, eine zeitnahe Durchsetzung von Forderungen unmöglich machte. Zu dieser Zeit sei schon die Mahnung ein empfindliches Übel für den Schuldner gewesen, die Klageerhebung bedeutete aber grundsätzlich ein

---

1 Vorschriften ohne Gesetzesangabe sind im Folgenden solche des BGB in der aktuell gültigen Fassung; Vorschriften mit der Angabe a.F. sind solche des BGB in der vor dem 1.1.2002 geltenden Fassung.

2 Vgl. schon *Friedrich Carl von Savigny*, System des heutigen römischen Rechts, Band 5, Berlin 1841, Seite 272 (eines der „wichtigsten und wohltätigsten" Rechtsinstitute); vgl. auch *Hermann* in HKK, BGB, 1. Auflage 2003, §§ 194-225 Rn. 3 m.w.N.

3 *Haug*, S. 34; *Hermann* in HKK, BGB, 1. Auflage 2003, §§ 194-225 Rn. 3 m.w.N. (mit dem Hinweis, man möge sich den Versuch vorstellen, die Abtretung einer verjährten Forderung verkaufsweise anzubieten); zur Abschreibung verjährter Forderungen vgl. *Merkt* in Baumbach/Hopt, HGB, 40. Auflage 2021, § 253 Rn. 26.

4 Tatsächlich besteht der Anspruch fort, der Schuldner ist aber zur Leistungsverweigerung berechtigt, vgl. § 214 Abs. 1.

5 Vgl. auch BT-Drucks. 14/6040, 100.

6 Vgl. etwa die Zielrichtung (BT-Drucksache 18/1309 S. 8) des Gesetzes zur Bekämpfung des Zahlungsverzugs im Geschäftsverkehr (BGBl. Jg. 2014 Teil I Nr. 35, S. 1218 ff.).

7 Vgl. Motive I, S. 298.

Ende der Geschäftsbeziehungen. Um dies zu verhindern, sei die Festlegung des Betriebskapitals in Außenständen weithin hingenommen worden. Dies habe zwei Folgen: Der Geschäftsmann könne derart gebundenes Kapital nicht anderweitig gewinnbringend einsetzen. Und er müsse seinerseits von seinen Gläubigern längere Nachsicht bei der Erfüllung seiner eigenen Verbindlichkeiten fordern. Auf diese Weise werde das Problem des Einzelnen auf alle Verkehrskreise übertragen mit der Konsequenz, dass Handel und Gewerbe insgesamt leiden. Dem könne eine kurze Verjährungsfrist entgegenwirken, die dem Gläubiger den Verlust der Forderung androht, denn sie verlange die konsequente Geltendmachung der Forderungen von Gesetzes wegen. So würden der Betriebsfond aufgefüllt und Zinsverluste verhindert. Zugleich nehme die gesetzliche Regelung der zeitnahen Forderungsbeitreibung das Anstößige.[8]

Den Schwerpunkt der Verjährung legten aber schon die Motive auf einen anderen Aspekt, nämlich die damals sogenannten Rechtspolizeilichen Gesichtspunkte.[9] Die Geschäfte des täglichen Lebens seien nämlich zu zahlreich und unbedeutend, als dass sie dem Einzelnen längere Zeit in Erinnerung blieben. Kaum jemals würden Aufzeichnungen solcher Geschäfte erfolgen, der regelmäßig zeitnah erfüllende Gläubiger lasse sich nur selten eine Quittung erteilen und bewahre diese, wenn er eine verlangt und erhalten hätte, nur begrenzte Zeit auf. Deshalb verdunkelten sich die tatsächlichen Ereignisse schon nach kurzer Zeit. Der Schuldner und dessen Erben dürften aber nicht Gefahr laufen, nach Jahren für beglichene Forderungen erneut in Anspruch genommen zu werden, für deren Erfüllung keine Nachweise mehr vorliegen.

Die praktische Bedeutung der Verjährung ist auch heute hoch. Dies belegt nicht nur die Anzahl der dazu ergangenen und ergehenden Gerichtsentscheidungen.[10] Gerade auch die Anzahl derjenigen Ansprüche, die aus Gründen der Verjährung nicht weiterverfolgt oder derentwegen aus verjährungsrechtlichen Gründen hemmende Maßnahmen ergriffen werden, sind beachtlich.[11] Teilweise wird eine Verjährung in einer Größenordnung von einer Milliarde Euro zur Zeit der erstmaligen Verjährung nach den Regeln der Schuldrechtsreform

8 Motive I, S. 298.

9 Vgl. *Mugdan*, S. 516.

10 Das Suchwort „Verjährung" führt bei Juris allein im Rechtsgebiet „Zivil- und Zivilprozessrecht" mit der Rechercheauswahl „Rechtsprechung" zu mehr als 33.400 Treffern.

11 *Otto*, S. 24; *Zimmermann*, JuS 1984, 409; *Peters/Zimmermann*, S. 103; *Büdenbender*, JuS 1997, 481; *Heinrichs*, NJW 1982, 2021.

angenommen.[12] Nicht zuletzt besteht die Bedeutung des Verjährungsrechts auch darin, dass es eine der häufigsten Haftungsursachen juristischer Berater ist.[13] Die Abkürzung der regelmäßigen Verjährungsfrist von dreißig auf drei Jahre durch die Schuldrechtsreform dürfte die Bedeutung des Verjährungsrechts im Vergleich zur Zeit der Geltung des alten Schuldrechts noch vergrößert haben.[14]

II. Die allgemeine gesetzliche Regelung des Verjährungsbeginns

Ausgangspunkt einer jeden Verjährungsprüfung ist der Beginn der Verjährung. Das BGB regelt den Beginn der Verjährung allgemein in den §§ 199 bis 201. Ein kurzer Überblick über diese Vorschriften soll daher vorangestellt werden:

So lautet § 199 Abs. 1:

> *„Die regelmäßige Verjährungsfrist beginnt, soweit nicht ein anderer Verjährungsbeginn bestimmt ist, mit dem Schluss des Jahres, in dem*
> *1.der Anspruch entstanden ist und*
> *2.der Gläubiger von den den Anspruch begründenden Umständen und der Person des Schuldners Kenntnis erlangt oder ohne grobe Fahrlässigkeit erlangen müsste."*

Grundlegende Voraussetzung des Beginns der Verjährung ist damit, dass der Anspruch entstanden ist.

§ 199 Abs. 2 enthält für Schadensersatzansprüche, die auf der Verletzung des Lebens, des Körpers, der Gesundheit oder der Freiheit beruhen, eine von der Entstehung des Anspruchs unabhängige Verjährungsanknüpfung.

§ 199 Abs. 3 lautet:

> *„Sonstige Schadensersatzansprüche verjähren*
> *1.ohne Rücksicht auf die Kenntnis oder grob fahrlässige Unkenntnis in zehn Jahren von ihrer Entstehung an und*
> *2.ohne Rücksicht auf ihre Entstehung und die Kenntnis oder grob fahrlässige Unkenntnis in 30 Jahren von der Begehung der Handlung, der Pflichtverletzung oder dem sonstigen, den Schaden auslösenden Ereignis an.*
>
> *Maßgeblich ist die früher endende Frist."*

---

12 *Kandelhard*, NJW 2005, 630 unter Hinweis auf *Bartsch*, Editorial, NJW 45/2004; auf die geringe Beachtung des Verjährungsrechts trotz seiner großen wirtschaftlichen Bedeutung weist auch *Roll*, WM 1977, 1214, 1214 hin.

13 *Otto*, S. 24 m.w.N.; vgl. auch *Walter Tesarczysk*, Karlsruher Forum 1991, S. 16.

14 *Otto*, S. 26.

Ziffer 2 der Regelung soll eine Verjährung von Schadensersatzansprüchen unabhängig von Entstehung oder einem subjektiven Element beim Gläubiger ermöglichen. Zu diesem Zweck knüpft die Regelung allein an die Begehung der Handlung, die Pflichtverletzung oder das sonstige, den Schaden auslösende Ereignis an.[15]
Die Abs. 3a und 4 des § 199 knüpfen wiederum den Verjährungsbeginn an die Entstehung des Anspruchs. Sie lauten:

> *„(3a) Ansprüche, die auf einem Erbfall beruhen oder deren Geltendmachung die Kenntnis einer Verfügung von Todes wegen voraussetzt, verjähren ohne Rücksicht auf die Kenntnis oder grob fahrlässige Unkenntnis in 30 Jahren von der Entstehung des Anspruchs an.*
> *(4) Andere Ansprüche als die nach den Absätzen 2 bis 3a verjähren ohne Rücksicht auf die Kenntnis oder grob fahrlässige Unkenntnis in zehn Jahren von ihrer Entstehung an."*

Beide Regelungen haben allein die Entstehung des Anspruchs zum Anknüpfungspunkt.

§ 199 Abs. 5 lautet wie folgt:

> *„Geht der Anspruch auf ein Unterlassen, so tritt an die Stelle der Entstehung die Zuwiderhandlung."*

Beim Unterlassungsanspruch erscheint die Entstehung des Anspruchs als objektiver Anknüpfungspunkt der Verjährung problematisch. Der Unterlassungsanspruch muss zur Zeit der Zuwiderhandlung bereits bestanden haben, weil die Zuwiderhandlung sonst nur eine Handlung wäre, ohne gegen etwas zu verstoßen. Hier hat der Gläubiger aber solange keinen Anlass, seinen Anspruch geltend zu machen, wie der Schuldner sich Zuwiderhandlungen enthält. Der Gläubiger ist befriedigt. Insofern sind die Verhältnisse gerade umgekehrt wie bei dem auf positives Tun gerichteten Anspruch. Ein Verjährungsbeginn ist deshalb bei Unterlassungsansprüchen erst mit Zuwiderhandlung angebracht.[16] Da es insoweit also nicht auf die Entstehung des Anspruchs ankommt, werden Unterlassungsansprüche im Folgenden nicht näher untersucht.

---

15 Damit wird zugleich deutlich, dass diese Ereignisse allein für die Entstehung des Anspruchs nicht ausreichend sind, denn sonst wäre die Regelung insoweit überflüssig. Für die Entstehung eines Schadensersatzanspruchs ist daher über diese Ereignisse hinaus zumindest ein weiteres Element notwendig, nämlich der Schadenseintritt. Nach dem sog. Grundsatz der Schadenseinheit (näher B.II.) muss für die Entstehung des Schadensersatzanspruchs nicht der gesamte Schaden eingetreten sein, sondern es genügt, wenn überhaupt irgendein Schaden eingetreten ist.

16 *Neuner*, *9. Auflage*, § 17 Rn. 13.

§ 200 lautet:

> *„Die Verjährungsfrist von Ansprüchen, die nicht der regelmäßigen Verjährungsfrist unterliegen, beginnt mit der Entstehung des Anspruchs, soweit nicht ein anderer Verjährungsbeginn bestimmt ist. § 199 Abs. 5 findet entsprechende Anwendung."*

§ 201 lautet:

> *„Die Verjährung von Ansprüchen der in § 197 Abs. 1 Nr. 3 bis 6 bezeichneten Art beginnt mit der Rechtskraft der Entscheidung, der Errichtung des vollstreckbaren Titels oder der Feststellung im Insolvenzverfahren, nicht jedoch vor der Entstehung des Anspruchs. § 199 Abs. 5 findet entsprechende Anwendung."*

Auch nach dieser Regelung, die den Verjährungsbeginn allerdings an andere Ereignisse knüpft, ist notwendige Bedingung des Verjährungsbeginns ebenfalls die Entstehung des Anspruchs, vor der eine Verjährung nicht beginnen soll („nicht jedoch vor der Entstehung des Anspruchs").

Der Beginn der Verjährung hängt also (von Sonderregelungen abgesehen) regelmäßig zumindest auch von der Entstehung des Anspruchs ab, vgl. insbesondere §§ 199 Abs. 1 Nr. 1 und 200. Für einige Höchstfristen (vgl. z.B. § 199 Abs. 3 Nr. 1, Abs. 3a, Abs. 4) kommt es für den Verjährungsbeginn sogar allein auf den Zeitpunkt der Entstehung des Anspruchs an. Damit handelt es sich bei der Entstehung des Anspruchs um einen Schlüsselbegriff. Es ist deshalb ganz entscheidend, dass dieser Begriff klar definiert ist.

III. Problemstellung

Als Ausgangspunkt ist also der Begriff der Entstehung eines Anspruchs von besonderer Bedeutung für den Beginn der Verjährung. Der Beginn der Verjährung ist entscheidend für die Verjährung insgesamt.[17] Es ist daher von großer Wichtigkeit, hierfür eine ihren Zeitpunkt eindeutig beschreibende Definition zu geben.[18] Im Interesse der Rechtssicherheit sind hohe Ansprüche an die Klarheit

---

17 Dies hat auch der Gesetzgeber ausdrücklich hervorgehoben, vgl. BT-Drucks. 14/6040, S. 107.

18 *Hermann* in HKK, BGB, 1. Auflage 2003, §§ 194-225 Rn. 13 mit Fn. 69 weist zu Recht darauf hin, dass die Frage nach dem Fristbeginn zu den Faktoren gehört, „denen hierbei die dogmatisch unscheinbare, aber entscheidende Regulativfunktion zukommt. Sie können Friktionen auslösen oder entschärfen und verlangen entsprechende Sensibilität, da sie enorme praktische Auswirkungen" insbesondere auf die „ökonomische Kalkulierbarkeit" haben.

und Auslegung der Verjährungsregelungen zu stellen. Nur wenn der Rechtsanwender im Einzelfall sicher beurteilen kann, ob die Voraussetzungen der Verjährung vorliegen, kann er sein Verhalten danach ausrichten.

Das Gesetz sagt allerdings an keiner Stelle, was es unter Entstehung des Anspruchs eigentlich versteht.[19] In Betracht kommen ganz verschiedene Auslegungen. So kann man etwa nur durchsetzbare Ansprüche als entstanden betrachten, oder auch einredebehaftete, nur fällige oder sogar schon aufschiebend bedingte oder befristete vor Eintritt der Bedingung oder des Termins.[20] Umso erstaunlicher ist es, dass es zur Auslegung heute eine fast einhellige (!) Auffassung gibt: Sie lautet, dass es grundsätzlich auf die Fälligkeit und den Zeitpunkt ankommen soll, in dem der Anspruch erstmals geltend gemacht und notfalls im Wege der Klage durchgesetzt werden kann.[21] Es sei dem Gläubiger unzumutbar, wenn die Verjährung beginnt, ohne dass er dies durch eine Klage verhindern könne.[22]

Der Zeitpunkt der Entstehung von Ansprüchen ist aber im Einzelfall weit weniger klar, als der erste Eindruck der Eintracht glauben macht, den insbesondere die einschlägigen Kommentierungen vermitteln. Dies zeigt sich etwa, wenn es um die Frage geht, ob im Einzelfall nun Fälligkeit und die Möglichkeit der Erhebung einer Leistungsklage Voraussetzung des Verjährungsbeginns sind (so die überwiegende Auffassung als Regel) oder es genügt, wenn eine Feststellungsklage erhoben werden kann (so die überwiegende Auffassung ausnahmsweise für Folgeschäden beim Schadensersatzanspruch).[23] Schon dies verdeutlicht, dass eine durchgängig verwendbare Definition für den Begriff der Entstehung des Anspruchs selbst innerhalb des Verjährungsrechts noch nicht gefunden ist.

Macht man die Entstehung des Anspruchs i.S.d. §§ 199-201 grundsätzlich vom Eintritt der Fälligkeit abhängig, so wirft dies die Folgefrage auf, ob der im Allgemeinen Teil des BGB vor die Klammer gezogene Begrifflichkeit der Entstehung des Anspruchs dort tatsächlich anders zu verstehen sein kann als derselbe Begriff an anderen Stellen im BGB.[24]

---

19 Dies war auch schon vor der Schuldrechtsreform so: *Peters/Zimmermann*, S. 244.

20 Vgl. *Peters/Zimmermann*, S. 244 f.

21 Näher unten B; ebenso für die Zeit vor der Schuldrechtsreform *Peters/Zimmermann*, S. 245 mit umfangreichen weiteren Nachweisen.

22 *Neuner*, § 22 Rn. 27; *Hübner*, Rn. 1378; *Kornilakis*, S. 137.

23 Zum Meinungsstand sogleich unter B.

24 *Mansel/Budzikiewicz*, § 3 Rn. 77 f. weisen darauf hin, § 199 Abs. 1 Nr. 1 meine eine „Anspruchsentstehung im Sinne des Verjährungsrechts"; vgl. auch BGH, Urteil vom 19. 5. 2006 - V ZR 40/05 Rn. 8 ff. = NJW 2006, 2773 (2774) - mit der Feststellung, dass

Verzichtet man hingegen auf das Fälligkeitskriterium für die Entstehung des Anspruchs und betrachtet auch einen noch nicht fälligen Anspruch bereits als entstanden, so stellt sich die weitere Frage, ob die Verjährung dann bereits vor Fälligkeit ablaufen kann oder bis zur Fälligkeit gehemmt ist[25] und welche Auswirkungen dies auf die Berechnung der Verjährung hat. Dabei ist es für die dogmatische Konstruktion und das Ergebnis keineswegs unerheblich,[26] ob die Fälligkeit die Entstehung des Anspruchs und damit schon den Verjährungsbeginn hindert, oder „nur" zu einer Hemmung des Ablaufs der Verjährung führt. Die Anknüpfung der Entstehung des Anspruchs an die Fälligkeit führt dazu, dass die regelmäßige Verjährung (das Vorliegen der subjektiven Voraussetzungen unterstellt) erst mit dem Schluss des Jahres der Fälligkeit eines Anspruchs beginnt. Ein Anspruch, dessen sämtliche Tatbestandsmerkmale im Dezember erfüllt sind, der aber erst im Januar des Folgejahres fällig wird, beginnt damit erst mit dem Schluss dieses Folgejahres zu verjähren. Nimmt man demgegenüber an, dass der Anspruch unabhängig von der Fälligkeit bereits mit Verwirklichung des Tatbestandes im Dezember entstanden ist, dann beginnt die Verjährung schon mit Ablauf desselben Jahres (also nicht erst des Folgejahres, sondern ein Jahr früher!), der Verjährungslauf könnte aber bis zur Fälligkeit im Januar gehemmt sein, so dass sich im Ergebnis eine Abweichung von immerhin ca. 11 Monaten ergibt. Das Ergebnis der Verjährungsprüfung kann also je nach den Umständen des Einzelfalls erheblich variieren.[27]

Die Auslegung des Begriffs der Entstehung des Anspruchs, insbesondere das Dogma von der Fälligkeit als grundsätzliche Voraussetzung der Anspruchsentstehung, soll deshalb einer näheren Prüfung unterzogen werden. Dabei soll zugleich der Versuch unternommen werden, einen möglichst durchgängig verwendbaren Begriff der Anspruchsentstehung zu finden.

---

die Hauptforderung bei Eintritt der Verjährung bereits entstanden sein muss, Fälligkeit der Hauptforderung aber nicht erforderlich sei.

25 Näher unter F.

26 *Peters/Jacoby* in Staudinger, § 205 Rn. 6 meinen, praktische Konsequenzen seien nicht ersichtlich; *Grothe* in MüKo, § 205 Rn. 1; vgl. auch *Piekenbrock*, S. 341 (zweitrangig).

27 Näher unter F.IV.

B. Überblick über den aktuellen Meinungsstand

In Rechtsprechung und Literatur besteht seit der Schuldrechtsreform grundsätzlich weitgehende Einigkeit darüber, was unter „Entstehung des Anspruchs" i.S.d. §§ 199 bis 201 zu verstehen ist. Dabei wird der Begriff „Entstehung des Anspruchs" in diesen Regelungen einheitlich wie in § 199 Abs. 1 Nr. 1 ausgelegt.[28] Grundsätzlich soll der Zeitpunkt der Fälligkeit des Anspruchs maßgeblich sein. Die Darstellung des Meinungsstandes kann daher zunächst knapp ausfallen. Unterschiedliche Auffassungen bestehen seit der Schuldrechtsreform, die bekanntlich auch eine erhebliche Umgestaltung des Verjährungsrechts mit sich brachte, scheinbar nur noch in der Formulierung und in Nuancen, wobei damit keine unterschiedlichen Bedeutungen verbunden werden. Die vor der Schuldrechtsreform vereinzelt vertretenen abweichenden Auffassungen[29] wurden soweit ersichtlich nach der Schuldrechtsreform nicht wieder aufgegriffen.

Trotz dieser grundsätzlichen Einigkeit ist eine eindeutige Definition bislang nicht gelungen. Damit scheint es weniger eine Kontroverse über den richtigen Zeitpunkt für den Beginn der Verjährung zu geben, als eine begriffliche Unklarheit darüber, wie dieser Zeitpunkt angesichts zahlreicher Ausnahmen einfach zu bezeichnen ist. Als deren Ausgangspunkt erscheint die gesetzliche Anknüpfung an die Entstehung des Anspruchs, die (verstanden als Verwirklichung des Tatbestands der Anspruchsnorm) als zu früh angesehen wird, während der Zeitpunkt der Fälligkeit in bestimmten Fällen, nämlich insbesondere für Ansprüche auf Ersatz von Folgeschäden, überwiegend nach dem sog. Grundsatz der Schadenseinheit als zu spät angesehen wird.[30]

I. Rechtsprechung

In ständiger Rechtsprechung hält der Bundesgerichtshof einen Anspruch für entstanden i.S.d. § 199 Abs. 1 Nr. 1, sobald er erstmalig vom Gläubiger geltend

---

28 *Grothe* in MüKo, § 200 Rn. 3, § 201 Rn. 2; *Mansel* in Jauernig, BGB, § 200 Rn. 2; *Budzikiewicz* in NK-BGB, § 199 Rn. 15.

29 Vgl. in jüngerer Zeit etwa *Jahr*, JuS 1964, 293, 294; *Unterrieder*, S. 301 ff.

30 Vgl. *Grothe* in MüKo, § 199 Rn. 4.

gemacht und im Wege der Klage durchgesetzt werden kann.[31] Das setze grundsätzlich Fälligkeit voraus,[32] da erst ab Fälligkeit der Gläubiger mit Erfolg die Leistung fordern und ggf. den Ablauf der Verjährungsfrist durch Klageerhebung unterbinden könne.[33] Auch nach der Schuldrechtsreform hat der BGH daran festgehalten und auf seine bisherige ständige Rechtsprechung verwiesen.[34] Dabei hat der BGH erkannt, dass Entstehung und Fälligkeit des Anspruchs an sich durchaus auseinanderfallen können. Etwa der Auflassungsanspruch des Käufers entstehe grundsätzlich mit dem Abschluss eines wirksamen

---

31 BGH Urteil vom 19.07.2010 – II ZR 57/09 Rn. 8; BGH Versäumnisurteil vom 18.06.2009 – VII ZR 167/08 Rn. 19 = BGHZ 181, 310; BGH, Urteil vom 8.7.2008 – XI ZR 230/07 Rn. 17; zu § 198 Satz 1 BGB a.F.: BGH, Urteil vom 17.02.1971 – VIII ZR 4/70 – juris Rn. 5; BGH, Urteil vom 18.12.1980 – VII ZR 41/80 – juris Rn. 10.

32 BGH, Versäumnisurteil vom 18.06.2009 – VII ZR 167/08 Rn. 19 = BGHZ 181, 310; BGH, Urteil vom 22.11.2002 – V ZR 443/01 Rn. 14; BGH, Urteil vom 12.02.1970 – VII ZR 168/67 – juris Rn. 23; BGH, Urteil vom 12.02.1970 – VII ZR 168/67 juris Rn. 23 = BGHZ 53, 222, 225; BGH, Rechtsentscheid vom 19.12.1990 – VIII ARZ 5/90 – juris Rn. 10 (unter Hinweis auf die ständige Rechtsprechung des BGH und eine soweit ersichtlich einhellige Auffassung in der Literatur); ferner BGH, Beschluss vom 09.11.2005 – BLw 9/05 Rn. 18; vgl. auch BGH, Urteil vom 12.11.2009 – III ZR 113/09 Rn. 12 und BGH Urteil vom 05.05.2010 – III ZR 209/09 Rn. 22 = BGHZ 185, 310 jeweils zum Verjährungsbeginn des Freistellungsanspruchs nicht schon mit dessen Fälligkeit, sondern erst mit Fälligkeit der Drittforderung.

33 BGH, Urteil vom 11.09.2012 – XI ZR 56/11 = NJW 2013, 1228, 1229 Rn. 12; BGH, Urteil vom 8.7.2008 – XI ZR 230/07 Rn. 17 = NJW-RR 2009, 378; BGH, Urteil vom 23.01.2001 –X ZR 247/98 Rn. 22 = NJW 2001, 1724; BGH, Urteil vom 19.12.1990 – VIII ARZ 5/90 Rn. 10 = BGHZ 113, 188, 193; BGH, Urteil vom 18.12.1980 – VII ZR 41/80 juris Rn. 10 ff. = BGHZ 79, 176 = NJW 1981, 814 (zum Verjährungsbeginn des Werklohns beim BGB-Vertrag mit Abnahme); BGH, Urteil vom 17.02.1971 – VIII ZR 4/70 Rn. 5 = BGHZ 55, 340 = NJW 1971, 979 (mit dem Argument, aus der Erwägung, dass zu Lasten des Berechtigten die Verjährungsfrist nicht beginnen könne, solange er nicht in der Lage ist, den Anspruch geltend zu machen und gegebenenfalls eine bereits laufende Verjährung durch Klageerhebung zu unterbrechen, folge auch außerhalb des unmittelbaren Anwendungsbereichs des § 201 Satz 2 aF, dass die Fälligkeit für § 198 a.F. maßgeblich ist); BGH, Urteil vom 12.02.1970 – VII ZR 168/67 = BGHZ 53, 222, 225.

34 BGH, Beschluss vom 25.01.2012 – XII ZB 461/11 Rn. 14; BGH, Beschluss vom 25.01.2012 – XII ZB 497/11 Rn. 14; BGH Beschluss vom 25.01.2012 – XII ZB 605/10 Rn. 15; BGH, Urteil vom 8.7.2008 – XI ZR 230/07 Rn. 17; Fälligkeit für die Anspruchsentstehung voraussetzend auch BGH, Urteil vom 29.01.2008 – XI ZR 160/07 Rn. 21-24 = BGH 175, 161.

Grundstückskaufvertrages, nur seine Fälligkeit werde in der Regel von der Zahlung des Kaufpreises abhängig gemacht.[35]

Vor Eintritt einer aufschiebenden Bedingung[36] oder Erteilung einer Genehmigung, die insoweit nicht zurückwirkt,[37] verjähren Ansprüche nach der Rechtsprechung ebenfalls nicht.[38]

Wenn die Fälligkeit eines Anspruchs aufgeschoben ist, könne die Verjährung nicht zu laufen beginnen, bevor der Anspruch klageweise geltend gemacht werden kann, mithin fällig sei.[39] Dies begründet der BGH wie folgt: Ein Anspruch entstehe, sobald er erstmalig geltend gemacht und notfalls im Wege der Klage durchgesetzt werden kann. Das setze zwar nicht voraus, dass eine Gegenleistung erbracht ist. Ansprüche auf Kaufpreiszahlung entstünden daher im Zeitpunkt des Kaufabschlusses; auf den Zeitpunkt der Lieferung komme es nicht an.[40] Etwas anderes gelte aber dann, „*wenn – sei es auf Grund gesetzlicher Regelung oder einer von vorneherein getroffenen vertraglichen Abrede – die Forderung nicht mit Vertragsschluss, sondern erst zu einem späteren Zeitpunkt fällig wird (vgl. BGH Urteil vom 8. Juli 1968 – VII ZR 65/66 = LM VOB Teil B Nr.32 = NJW 1968, 1962 mit weiteren Nachweisen). Das ergibt sich für den Fall, dass die Fälligkeit erst nach Ablauf einer Frist, also eines bestimmt bezeichneten oder doch bestimmbaren Zeitraums (RGZ 120, 355, 362) eintreten soll, für die hier in Betracht kommenden, der kurzen Verjährungsfrist unterliegenden Ansprüche unmittelbar aus § 201 Satz 2 BGB. Aber auch wo die Fälligkeit von einem zeitlich unbestimmten und unbestimmbaren Ereignis – etwa der Handlung einer der Vertragsparteien – abhängig*

---

35 BGH, Urteil vom 19.05.2006 – V ZR 40/05 – juris Rn. 11 f. unter Hinweis auf BGH, Urteil vom 23.01.2001 – X ZR 247/98 – juris Rn. 18, das allerdings § 354a HGB betrifft.

36 BGH, Urteil vom 22.01.1987 – VII ZR 88/85 juris Rn. 29 = NJW 1987, 2743, 2745; BGH, Urteil vom 04.06.1981 – VII ZR 212/80 juris Rn. 20 = NJW 1981,2343, 2344 (unter Hinweis auf § 202 Abs. 1 BGB a.F., der wegen des sich aus der Bedingung ergebenden vertraglichen Leistungsverweigerungsrechts zu denselben Ergebnissen führt); BGH, Urteil vom 24. 06.1971 – VII ZR 254/69 juris Rn. 41 = 1971, 1840, 1841; OLG Hamm, Urteil vom 19.06.1997 – 18 U 243/96 juris Rn. 3 (Entstehung des Zinsanspruchs erst mit Rückforderung des Darlehens).

37 RG, Urteil vom 28.02.1907 – V 282/06 = RGZ 65, 245, 247 f.

38 Eine Ausnahme soll aber für den Anspruch aus § 816 Abs. 1 S. 1 gelten, da hier die Genehmigung nicht von einem Dritten, sondern von dem Gläubiger erteilt wird (OLG Saarbrücken, Urteil vom 28.11.2013 – 4 U 401/12 = BeckRS 2013, 21620).

39 BGH, Urteil vom 17.02.1971 – VIII ZR 4/70 – juris Rn. 5.

40 BGH, Urteil vom 17.02.1971 – VIII ZR 4/70 – juris Rn. 5.

gemacht ist und § 201 Satz 2 BGB keine unmittelbare Anwendung findet (RGZ a.a.O. S. 362), folgt die Maßgeblichkeit des Fälligkeitszeitpunkts für § 198 Satz 1 BGB aus der Erwägung, dass zu Lasten des Berechtigten die Verjährungsfrist nicht beginnen kann, solange er nicht in der Lage ist, den Anspruch geltend zu machen und gegebenenfalls eine bereits laufende Verjährung durch Klageerhebung zu unterbrechen."[41] Eine weitere Begründung oder Nachweise folgen nicht.

Auch die Vergütungsforderung des Werkunternehmers entsteht zwar mit Abschluss des Werkvertrages.[42] Gleichwohl soll die Verjährung erst mit Fälligkeit zu laufen beginnen,[43] also beim BGB-Bauvertrag mit Abnahme bzw. für seit 2018 geschlossene Bauverträge wohl nach Maßgabe von § 650g Abs. 4[44]; beim VOB/B-Bauvertrag ist

41 BGH, Urteil vom 17.02.1971 – VIII ZR 4/70 – juris Rn. 5.

42 BGH Urteil vom 08.07.1968 – VII ZR 65/66 juris Rn. 22 = NJW 1968, 1962 unter Hinweis auf BGH Urteil vom 25.09.1967 – VII ZR 46/65 juris Rn. 23-28 (Entstehung den Anspruchs auf Werklohnzahlung „im Sinne der §§ 198, 201 BGB" a.F. nicht vor Fertigstellung der Gesamtleistung und Stellung der Schlussrechnung, aber ohne weitere Nachweise oder nähere Auseinandersetzung mit der Frage, ob Fälligkeit Voraussetzung der Entstehung eines Anspruchs ist oder warum sonst die Verjährung erst mit Fälligkeit beginnen soll); vgl. auch BGH, Urteil vom 30.05.1963 – VII ZR 276/61 = NJW 1963, 1869 (unter Hinweis auf RG JR 32, 1216): Mit Abschluss des Werkvertrags habe der Anspruch bestanden und sei somit erfüllbar, auch wenn er mangels entsprechenden Baufortschritts noch nicht fällig war; im Urteil vom 12.02.1970 – VII ZR 168/67 – juris Rn. 31 hält der BGH den Anspruch des Werkunternehmers hingegen erst mit der Ausführung der Bauleistung für „erwachsen", was wohl entstanden gleichzusetzen sein dürfte.

43 BGH, Urteil vom 22.04.1982 – VII ZR 191/81 juris Rn. 7 = BGHZ 83, 382; BGH, Urteil vom 16.06.1977 – VII ZR 66/76 juris Rn. 7 = BauR 1977, 354; BGH, Urteil vom 12.02.1970 – VII ZR 168/67 juris Rn. 23 = BGHZ 53, 222, 225 unter Hinweis auf BGH, Urteil vom 08.07.1968 – VII ZR 65/66 juris Rn. 22 = NJW 1968, 1962, dieses unter Hinweis auf BGH, Urteil vom 25.09.1967 – VII ZR 46/65 juris Rn. 23-28 (Entstehung den Anspruchs auf Werklohnzahlung „im Sinne der §§ 198, 201 BGB" a.F. nicht vor Fertigstellung der Gesamtleistung und Stellung der Schlussrechnung, aber ohne weitere Nachweise oder nähere Auseinandersetzung mit der Frage, ob Fälligkeit Voraussetzung der Entstehung eines Anspruchs ist oder warum sonst die Verjährung erst mit Fälligkeit beginnen soll).

44 Die Gesetzesbegründung befasst sich mit § 650g BGB nicht, da die Regelung im Regierungsentwurf noch nicht enthalten war (vgl. BT-Drs. 18/8486); die Beschlussempfehlung

insbesondere[45] die Erteilung einer prüfbaren Schlussrechnung erforderlich.[46]

Das Fälligkeitserfordernis wird auch in neuerer Zeit - wenn überhaupt - damit begründet, dass zu Lasten des Berechtigten die Verjährungsfrist nicht beginnen könne, solange er nicht in der Lage ist, den Anspruch geltend zu machen und gegebenenfalls eine bereits laufende Verjährung durch Klageerhebung zu unterbrechen.[47] Es komme aber nicht darauf an, dass der Anspruch beziffert und so Gegenstand einer Leistungsklage werden kann; die Möglichkeit der Erhebung einer Feststellungsklage genüge.[48] Denn die Feststellungsklage sei die Form, in der ein Anspruch mit derselben, die Verjährung unterbrechenden Wirkung einer Leistungsklage zur Geltung gebracht werden muss, wenn der Berechtigte die Leistungsklage (noch) nicht erheben kann.[49]

Der Schadensersatzanspruch ist demgegenüber nach der Rechtsprechung des BGH im Allgemeinen entstanden, wenn der Schaden wenigstens dem Grunde nach erwachsen ist, mag seine Höhe auch noch nicht beziffert werden können.[50] Ausreichend sei grundsätzlich die Möglichkeit der Erhebung einer Feststellungsklage.[51] Ferner genüge es, dass durch die Verletzungshandlung eine als Schaden

---

des Ausschusses für Recht und Verbraucherschutz (vgl. BT-Drs. 18/11437) befasst sich zwar mit § 650g, aber nicht mit der Verjährung.

45 Daneben ist die Mitteilung des Prüfergebnisses oder der Ablauf einer Prüffrist Voraussetzung, vgl. § 16 Abs. 3 Nr. 1 VOB/B.

46 BGH, Urteil vom 23.01.2001 – X ZR 247/98 Rn. 22 = NJW 2001, 1724, 1725 unter Hinweis auf BGH, Urteil vom 10.05.1990 – VII ZR 257/89 juris Rn. 17 f. = BauR 1990, 605, 607 (darin sieht der Senat keinen Anlass, von seiner diesbezüglichen gefestigten Rechtsprechung, die auch in der Literatur nicht ein Zweifel gezogen werde, abzuweichen); BGH, Urteil vom 22.04.1982 – VII ZR 191/81 juris Rn. 7 = BGHZ 83, 382.

47 So BGH, Urteil vom 23.01.2001 – X ZR 247/98 Rn. 22 = NJW 2001, 1724, 1725 unter Hinweis auf BGH, Urteil vom 17.02.1971 – VIII ZR 4/70 juris Rn. 5 = BGHZ 55, 340, 341 f. (das Fälligkeitserfordernis ergebe sich für einige näher bezeichnete Fälle aus § 201 Abs. 1 Satz 2 BGB a.F. und im Übrigen aus der oben im Text genannten Erwägung), dieses unter Hinweis auf BGH, Urteil vom 08.07.1968 – VII ZR 65/66 juris Rn. 22 = NJW 1968, 1962 (ohne Begründung) unter Hinweis auf BGH, Urteil vom 25.09.1967 – VII ZR 46/65 (ebenfalls ohne Begründung, s.o.).

48 BGH, Urteil vom 18.12.1980 – VII ZR 41/80 – juris Rn. 11 ff.

49 BGH, Urteil vom 19.01.1978 - VII ZR 304/75 = JurionRS 1978, 13214 Rn. 16 unter Hinweis auf RG, Urteil vom 11.12.1913 – II 505/13 = RGZ 83, 354, 358 unter Hinweis auf RG, Urteil vom 25.03.1907 – VI 276/06 = JW 1907, 302 Nr. 5 (Teilklage nicht ausreichend).

50 BGH, Urteil vom 23.03.1987 – II ZR 190/86 juris Rn. 16 = BGHZ 100, 228 unter Hinweis auf RG, Urteil vom 25.03.1907 – VI 276/06 = JW 1907, 302 Nr. 5.

51 BGH Urteil vom 12.05.2009 – VI ZR 294/08 Rn. 9 m.w.N.

anzusehende Verschlechterung der Vermögenslage eingetreten ist, ohne dass feststehen muss, ob ein Schaden bestehen bleibt und damit endgültig wird, oder wenn eine solche Verschlechterung der Vermögenslage oder auch ein endgültiger Teilschaden entstanden und mit der nicht fern liegenden Möglichkeit weiterer, noch nicht erkennbarer, adäquat verursachter Nachteile bei verständiger Würdigung zu rechnen ist.[52] Ist dagegen - objektiv betrachtet - noch offen, ob ein pflichtwidriges, mit einem Risiko behaftetes Verhalten zu einem Schaden führt, sei ein Ersatzanspruch noch nicht entstanden, so dass eine Verjährungsfrist nicht in Lauf gesetzt wird.[53]

II. Literatur

Die in der Literatur vertretenen Auffassungen lassen sich auf folgenden gemeinsamen Ausgangspunkt zurückführen:[54]

Entstanden ist ein Anspruch, sobald er vom Gläubiger - notfalls gerichtlich - geltend gemacht werden kann.[55] Dieser Zeitpunkt ist nach dieser Auffassung grundsätzlich gleichzusetzen mit dem der Fälligkeit.[56] Aufschiebend bedingte

---

52 BGH, Urteil vom 02.07.1992 – IX ZR 268/91 juris Rn. 21 = BGHZ 119, 69, 70 unter Hinweis auf BGH, Urteil vom 04.04.1991 – IX ZR 215/90 juris Rn. 13 = BGHZ 114, 150, 152 f. unter Hinweis auf BGH, Urteil vom 23.03.1987 – II ZR 190/86 juris Rn. 16 = BGHZ 100, 228 m.w.N. aus der Rspr. des RG; dies voraussetzend auch BGH, Urteil vom 11.05.1995 – IX ZR 140/94 juris Rn. 12 = BGHZ 129, 386, 388.

53 BGH, Versäumnisurteil vom 05.03.2009 – IX ZR 172/05 – juris (zu § 68 StBerG idF. v. 04.11.1975); BGH, Urteil vom 02.07.1992 – IX ZR 268/91 juris Rn. 21 = BGHZ 119, 69, 70 unter Hinweis auf BGH, Urteil vom 23.03.1987 – II ZR 190/86 juris Rn. 16 = BGHZ 100, 228 m.w.N. aus der Rspr. des RG.

54 *Dörner* in Schulze u.a., HK-BGB, § 199 Rn. 3 spricht von „allgemeiner Auffassung".

55 So wörtlich *Henrich* in BeckOK BGB, § 199 BGB Rn. 4; *Budzikiewicz* in NK-BGB, § 199 Rn. 15 (unter Hinweis darauf, dass „Anspruchsentstehung im verjährungsrechtlichen Sinne" gemeint ist); *Grothe* in MüKo, BGB, § 199 Rn. 4; ähnlich *Wertenbruch*, § 36 Rn. 12; *Schmidt-Räntsch* in Erman, § 199 Rn. 3; *Krämer*, S. 57; *Piekenbrock* in BeckOGK BGB, Stand 1.2.2021, § 199 Rn. 16 (der aber darauf hinweist, dass nach allgemeiner Terminologie unter Entstehung der Zeitpunkt verstanden werden muss, in dem alle anspruchsbegründenden Tatsachen verwirklicht worden sind).

56 *Birr*, Rn. 20; *Krämer*, S. 57; *Peters/Jacoby* in Staudinger, BGB, § 199 Rn. 7; *Budzikiewicz* in NK-BGB, § 199 Rn. 15 und *Henrich* in BeckOK BGB, § 199 BGB Rn. 4 jeweils unter Verweis auf die Rechtsprechung des BGH; *Deppenkemper* in PWW § 199 Rn. 3; *Dörner* in Schulze u.a., HK-BGB, § 199 Rn. 3; *Dörner/Staudinger*, Schuldrechtsmodernisierungsgesetz, 1. Auflage 2002, Rn. 11 (unter Verweis auf die Rechtsprechung des BGH); *Mansel* in Jauernig, § 199 Rn. 2 (unter Verweis auf die Rechtsprechung

Ansprüche entstehen somit erst mit Eintritt der Bedingung,[57] genehmigungsbedürftige Ansprüche grundsätzlich[58] erst mit Erteilung der Genehmigung (ohne Rückwirkung).[59] Einreden, die der Gläubiger durch Bewirken der ihm obliegenden Leistung jederzeit beseitigen kann (z.B. § 320 Abs. 1), hindern die Entstehung des Anspruchs nicht.[60]

Für die gerichtliche Geltendmachung wird überwiegend grundsätzlich die Möglichkeit der Erhebung einer Leistungsklage für erforderlich gehalten,[61] in bestimmten Fällen, namentlich im Schadensersatzrecht, genüge auch die Feststellungsklage[62] und oder die Klage auf künftige Leistung.[63]

Zur Begründung wird insbesondere Folgendes ausgeführt: Über die Terminologie sei im Zusammenhang mit der Schuldrechtsreform diskutiert worden. Der Regierungsentwurf[64] wollte in Übereinstimmung mit der seinerzeitigen

---

des BGH); *Niedenführ* in Soergel, § 198 Rn. 1; *Wertenbruch*, § 36 Rn. 12; *Stöber* ZGS 2005, 290, 293; *Lakkis* in jurisPK-BGB, § 199, Rn. 5; differenzierend *Grothe* in MüKo, BGB, § 199 Rn. 4 und *Schmidt-Räntsch* in Erman, § 199 Rn. 3 (Entstehung regelmäßig erst mit Fälligkeit, aber bei Schadensersatzfällen genüge auch die Möglichkeit der Erhebung einer Feststellungsklage vor Fälligkeit); *Ellenberger* in Palandt, BGB, § 199 Rn. 3 (entstanden, obwohl noch nicht fällig, seien Ansprüche aus gegenseitigen Verträgen, denen die Einrede des nicht erfüllten Vertrages entgegen stehe), 14 (außerdem Schadensersatzansprüche, sobald ein Teilbetrag durch Leistungsklage geltend gemacht werden könne, und zwar auch für erst in Zukunft fällig werdende Beträge); vgl. auch *Haug*, S. 55; kritisch *Voit*, NJW 2019, 3190, 3191.

57 *Henrich* in BeckOK, BGB, § 199 Rn. 4; ebenso wohl auch *Peters/Jacoby* in Staudinger, BGB, § 199 Rn. 7.

58 Zur Ausnahme für Genehmigungen des Gläubigers selbst *Grothe* in MüKo, BGB, 7. Auflage 2015, § 199 Rn. 5.

59 *Henrich* in BeckOK, BGB, § 199 Rn. 4; *Grothe* in MüKo, BGB, § 199 Rn. 5; *Peters/Jacoby* in Staudinger, BGB, § 199 Rn. 10.

60 *Grothe* in MüKo, BGB, § 199 Rn. 5.

61 Vgl. *Peters/Jacoby* in Staudinger, BGB, § 199 Rn. 3 ff.; *Voit*, NJW 2019, 3190, 3191 lässt die Feststellungsklage genügen.

62 *Niedenführ* in Soergel, § 198 Rn. 1 (soweit fällig, Leistungsklage aber mangels Bezifferbarkeit nicht möglich ist); *Schmidt-Räntsch* in Erman, § 199 Rn. 3 (aber nur für fällige Ansprüche); *Grothe* in MüKo, BGB, § 199 Rn. 4 (für Folgeschäden bei Schadensersatzansprüchen); vgl. eingehend *Panier*, S. 76 ff.

63 *Mansel* in Jauernig, BGB, § 199 Rn. 2 (entstanden, d.h. hier fällig, sei der Anspruch, sobald er geltend gemacht werden könne, ggf. durch Klage; Feststellungsklage und Klage auf künftige Leistung genügten – ohne Begründung).

64 BT-Drucks. 14/6040 S. 108.

Auslegung des § 198 a.F. an den Begriff der Fälligkeit anknüpfen, der Rechtsausschuss[65] den bisherigen Wortlaut (Anknüpfung an die Entstehung des Anspruchs) beibehalten, der in der Sache nichts anderes bedeute.[66] Letzteres setzte sich aufgrund der Überlegung durch, dass in den Fällen der sog. Schadenseinheit die Verjährung auch für Folgeschäden grundsätzlich weiterhin bereits mit dem ersten Schadenseintritt beginnen sollte, aber nicht angenommen werden könne, der Ersatzanspruch werde mit Auftreten des ersten Schadens auch für vorhersehbare, in ihrer konkreten Ausprägung aber noch nicht feststehende Spätfolgen bereits fällig.[67] Es entspreche damit aber grundsätzlich, das heißt abgesehen von den Fällen der Schadenseinheit, der gesetzlichen Regelung, einen Anspruch nach wie vor für die Zwecke des Verjährungsbeginns regelmäßig erst im Zeitpunkt seiner Fälligkeit als entstanden anzusehen.[68]

Dabei wird allerdings mitunter eingeräumt, dass die Begriffe Entstehung und Fälligkeit nicht gänzlich synonym sind.[69] Vereinzelt wird sogar ausdrücklich eingeräumt, dass ein Anspruch eigentlich schon dann entstanden sei, wenn der gesetzliche Entstehungstatbestand verwirklicht ist.[70] Es komme deshalb an sich nicht darauf an, ob der Anspruch im Sinne von § 271 fällig ist und also geltend gemacht werden kann.[71] Weil es aber unzweckmäßig und ungerecht sei, die Verjährung beginnen zu lassen, bevor der Gläubiger seine Leistung erstmals verlangen und einklagen könne, werde allgemein angenommen, dass mit dem

65 BT-Drucks. 14/7052 S. 180.

66 *Grothe* in MüKo, BGB, § 199 Rn. 4 führt weiter aus, auch der erste Entwurf des BGB (§ 158 Abs. 1 E 1) habe noch von Fälligkeit statt Entstehung des Anspruchs gesprochen, eine sachliche Änderung sei in der alleinigen Anknüpfung an die Entstehung des Anspruchs nicht begründet. *Medicus/Petersen* (Rn. 108) meint, die ursprüngliche Formulierung sei zwar nicht Gesetz geworden, treffe aber das sachlich Richtige und werde deshalb wie geltendes Recht behandelt; *Budzikiewicz*, NK-BGB, § 199 Rn. 16, hebt hervor, dass deshalb die Ergebnisse von Rechtsprechung und Literatur zur Bestimmung der Anspruchsentstehung nach bisherigem Recht (§ 198 BGB a.F.) gültig bleiben.

67 BT-Drucks. 14/7052 S. 180; *Grothe* in MüKo, BGB, § 199 Rn. 4.

68 *Grothe* in MüKo, BGB, § 199 Rn. 4 unter Hinweis auf die ständige Rechtsprechung des BGH; *Pohlmann*, Jura 2005, 1, 3.

69 *Grothe* in MüKo, BGB, § 199 Rn. 4; *Knops*, AcP 205 (2005), 821, 823 Fn. 11.

70 *Neuner, 9. Auflage*, § 17 Rn. 12; ebenso *Neuner*, § 22 Rn. 27; ebenso *Piekenbrock* in BeckOGK BGB, Stand 1.2.2021, § 199 Rn. 16 („nach allgemeiner Terminologie"); vgl. auch *Pohlmann*, Jura 2005, 1, 3.

71 *Neuner, 9. Auflage*, § 17 Rn. 12; ebenso *Neuner*, § 22 Rn. 27.

entstandenen Anspruch der fällige Anspruch gemeint sei, der geltend gemacht werden kann.[72]

III. Kritik

Der Auslegung des Begriffs der Entstehung des Anspruchs, wie sie dem dargestellten aktuellen Meinungsstand entspricht, ist insbesondere Folgendes entgegen zu halten:

- Sie findet keinen Anhalt im Wortlaut des Gesetzes.[73]
- Sie ist in sich nicht konsistent, weil sie nicht ohne Ausnahmen auskommt.
- Sie führt (was noch zu zeigen sein wird[74]) dazu, dass unter der Entstehung des Anspruchs in verschiedenen Büchern des BGB Verschiedenes verstanden wird.
- Sie verstößt gegen die Trennung von materiellem Recht und Prozessrecht, in dem sie für eine materiell-rechtliche Frage an prozessuale Voraussetzungen anknüpft.[75]
- Sie knüpft mit der Fälligkeit an einen - was ebenfalls noch zu zeigen sein wird[76] - unklaren Begriff an.

Eine Auslegung des Begriffs der Entstehung des Anspruchs, die auf die Voraussetzung der Klagemöglichkeit und das Element der Fälligkeit verzichtet und deshalb der vorstehenden Kritik nicht oder nur eingeschränkt ausgesetzt ist, scheint mit der gesetzlichen Regelung und der Gesamtkonzeption des BGB daher auf den ersten Blick besser vereinbar zu sein.

---

72 *Neuner, 9. Auflage*, § 17 Rn. 12; ebenso *Neuner*, § 22 Rn. 27; ähnlich *v. Thur*, § 15 VII (mit dem Hinweis in Fn. 92 darauf, dass man dem Gesetzgeber sonst imputieren müsse, er habe es bei § 198 versäumt klarzustellen, dass die Verjährung erst mit Fälligkeit beginne) und § 91 IV bei Fn.25 und 101; *Enneccerus/Nipperdey*, § 232 I 1; *Hübner*, Rn. 1378; *Grothe* in MüKo, § 199 Rn. 4; *Schmidt-Räntsch* in Erman, § 199 Rn. 3; *Kornilakis*, S. 137; *Jahr*, JuS 1964, 294 hält dagegen die Verjährung bis zum Zeitpunkt der Fälligkeit für gehemmt.

73 Vgl. unten E.I.

74 Vgl. unten E.II.

75 Vgl. unten E.IV.6.b.

76 Vgl. unten E.VII.2.b.

C. These

Ein klarer und einfacher Anknüpfungspunkt für den Beginn der Verjährung läge darin, für die Entstehung des Anspruchs die Verwirklichung der Tatbestandsvoraussetzungen der Anspruchsnorm genügen zu lassen[77] und insbesondere die Fälligkeit nicht als Voraussetzung der Anspruchsentstehung zu betrachten, sondern wo erforderlich bis zur Fälligkeit eine Hemmung der Verjährung (vgl. § 205) anzunehmen.

Ob eine solche Auslegung mit dem Gesetz vereinbar ist und zu sachgerechten Lösungen führt, soll im Folgenden untersucht werden. Für ersteres wird es vor allem auf die Grenzen der Auslegung, zu denen insbesondere der Wortlaut und der Wille des Gesetzgebers gehören, ankommen. Letzteres verlangt vor allem, dass die neue Auslegung der Rechtssicherheit genüge tut. Dies gilt vor allem deshalb, weil die derzeit ganz überwiegend vertretene Auslegung aus der jahrzehntelangen in dieser Weise geübten Praxis eine weitgehende Konkretisierung erfahren hat, als gefestigt bezeichnet werden kann und regelmäßig zu gerechten Ergebnissen kommt. Es wird deshalb auch zu fragen sein, ob etwaige dogmatische Vorzüge einer geänderten Auslegung nicht deshalb zurückstehen müssen.[78]

---

77 *Piekenbrock* in BeckOGK BGB, Stand 1.2.2021, § 199 Rn. 16 weist darauf hin, dass das auch allgemeiner Terminologie entsprechen würde, folgt aber gleichwohl der abweichenden allgemeinen Auffassung; *Voit*, NJW 2019, 3190, 3191 stellt für vertragliche Ansprüche auf den Vertragsschluss ab.

78 Vgl. unten E.VII.2.c.

D. Die Kriterien der Auslegung von Vorschriften des Verjährungsrechts

Es besteht Einigkeit, dass die Auslegung am Wortlaut der auszulegenden Norm anzuknüpfen hat, dabei allein aber nicht stehen bleiben darf. Vielmehr ist auch der Regelungszusammenhang, in dem eine Norm steht, zu berücksichtigen. Entsprechendes gilt für die Vorstellungen des Gesetzgebers und der an der Gesetzgebung beteiligten Personen, den Sinn und Zweck der auszulegenden Norm sowie allgemeine Rechtsprinzipien wie die Wertungen des Grundgesetzes.[79]

I. Die einzelnen Kriterien der Auslegung

Ausgangspunkt der Auslegung ist der Wortlaut und damit die Bedeutung eines Begriffs im allgemeinen Sprachgebrauch oder im besonderen Sprachgebrauch des Gesetzes.[80] Konkrete Gestalt erfährt die Bedeutung eines Begriffs durch den Regelungszusammenhang, in dem er verwendet wird. Dieser Zusammenhang ist deshalb für die Auslegung ebenfalls von großer Bedeutung. Dabei wird der Sprachgebrauch des Gesetzes mitunter erst durch den Regelungszusammenhang deutlich.[81] Verbleiben verschiedene Auslegungsmöglichkeiten, dann können die Regelungsabsicht, Zwecke und Normvorstellungen des historischen Gesetzgebers weiteren Aufschluss darüber geben, welche Bedeutung eine Regelung hat.[82] Diese Regelungsabsicht des Gesetzgebers ist allerdings nicht zu verwechseln mit den Normvorstellungen der an der Vorbereitung und Abfassung des Gesetzes beteiligten Personen, die allerdings einen wertvollen Anhaltspunkt für die Regelungsabsicht des Gesetzgebers geben können.[83] Daneben ist zu berücksichtigen, welche objektiv-teleologischen Ziele einer Regelung zugrunde liegen[84] und welche Vorgaben für die Auslegung aus der Verfassung fließen.[85]

79 *Neuner, 9. Auflage*, § 4 Rn. 34 ff.; Larenz/*Canaris*, Methodenlehre, S. 141 f.; *Zippelius*, Juristische Methodenlehre, S. 50
80 Larenz/*Canaris*, Methodenlehre der Rechtswissenschaft, Kapitel 4, 2 a).
81 Larenz/*Canaris*, Methodenlehre der Rechtswissenschaft, Kapitel 4, 2 b).
82 Larenz/*Canaris*, Methodenlehre der Rechtswissenschaft, Kapitel 4, 2 c).
83 Larenz/*Canaris*, Methodenlehre der Rechtswissenschaft, Kapitel 4 2. f. Nr. 2-4.
84 Larenz/*Canaris*, Methodenlehre der Rechtswissenschaft, Kapitel 4, 2 d).
85 Larenz/*Canaris*, Methodenlehre der Rechtswissenschaft, Kapitel 4, 2 e).

Soweit die vorgenannten Auslegungskriterien zu keinem eindeutigen Auslegungsergebnis führen, ist in einem zweiten Schritt zu untersuchen, welchem Kriterium der Ausschlag zu geben ist, was keiner starren Regel folgt.[86]

II. Besondere Auslegungskriterien für das Verjährungsrecht?

Bei dem Verjährungsrecht handelt es sich um gesetzliche Regelungen, so dass es naheliegt, dass die vorgenannten allgemein geltenden Auslegungskriterien darauf Anwendung finden.[87]

Insbesondere von der Rechtsprechung wird allerdings die Auffassung vertreten, als formale Rechtsvorschriften seien die Verjährungsregeln aus Gründen der Rechtssicherheit grundsätzlich besonders eng am Wortlaut auszulegen.[88] Im Bereich des Verjährungsrechts seien mit Rücksicht auf dessen formalen Charakter an die Rechtfertigung einer über den Wortlaut der Vorschriften hinausgehenden Anwendung besonders strenge Anforderungen zu stellen.[89] Dies wirke sich insbesondere dann aus, wenn verjährungsrechtliche Sondervorschriften im Wege der Auslegung ausgeweitet werden sollen, was nur unter strengen Voraussetzungen in Betracht komme.[90]

---

86 *Neuner, 9. Auflage*, § 4 Rn. 44 (es ist derjenigen Deutung der Vorzug zu geben, der dem Zweck der Norm am ehesten gerecht wird); *Larenz*, Methodenlehre, S. 343 ff.; *Alexy*, S. 303 ff.; *Bydlinski*, S. 28 ff.; *Hassold*, S. 221 ff.; *Koch/Rüssmann*, S.181 ff.; *Köhler*, AT, § 4 Rn. 19; *Zippelius*, Auslegung als Legitimationsproblem, in FS Larenz, 1983, 739, 747 f. (im Zweifel sei die gerechte Problemlösung maßgeblich).

87 *Ellenberger* in Palandt, BGB, Überbl v § 194 Rn. 12; *Unterrieder*, S. 26; *Spiro*, § 22.

88 BGH, Urteil vom 30.09.2003 – XI ZR 426/01 juris Rn. 53 = BGHZ 156, 232, 246 (mit umfangreichen Nachweisen aus der Rechtsprechung); BGH, Urteil vom 06.07.1993 – VI ZR 306/92 juris Rn. 18 = NJW-RR 1993, 1495, 1496; BGH, Urteil vom 12.10.1972 – VII ZR 21/72 juris Rn. 13 = BGHZ 59, 323, 326; BGH, Urteil vom 22.06.1967 – VII ZR 181/65 juris Rn. 39 = BGHZ 48, 125, 134; BGH, Urteil vom 25.04.1966 – VII ZR 120/65 juris Rn. 23 = BGHZ 45, 223, 230 (Wortsinn vor Entstehungsgeschichte); vgl. auch RG, Urteil vom 08.06.1928 – III 426/27 = RGZ 120, 355, 359 (zum Anwendungsgebiet der Hemmung); BGH, Urteil vom 06.11.1969 – VII ZR 159/67 juris Rn. 19 = BGHZ 53, 43, 47; BGH, Beschluss vom 20.6.2018 – XII ZB 84/17 Rn. 34 = NJW 2018, 2871, 2874 (zu § 207 Abs. 1 Satz 1 BGB); zustimmend *Grothe*, in: MüKo, BGB, Vor § 194 Rn. 7; a.M. *Spiro*, § 22; kritisch und unter Hinweis auf die Widersprüche in der Rechtsprechung *Unterrieder*, S. 14 ff.; ebenfalls kritisch *Eichel*, NJW 2019, 393.

89 BGH, Urteil vom 30.09.2003 – XI ZR 426/01 juris Rn. 53 = BGHZ 156, 232, 246.

90 BGH, Urteil vom 30.09.2003 – XI ZR 426/01 juris Rn. 53 = BGHZ 156, 232, 246; *Grothe*, in: MüKo, BGB, Vor § 194 Rn. 7.

Dabei ist zunächst die Überzeugungskraft des Arguments von der nicht näher definierten formalen Rechtsvorschrift begrenzt.[91] Auch eine solche Vorschrift will zutreffend verstanden, dazu ausgelegt und dann richtig angewandt werden. Dem scheint eine Beschränkung auf ein einzelnes Auslegungskriterium von vorneherein nicht dienlich. Wäre es anders, dann läge es nahe, auch sonst auf die übrigen Auslegungskriterien zu verzichten. Auch der Rechtssicherheit (bei der es sich im Übrigen gerade um ein objekt-teleologisches und damit außerhalb des Wortlauts liegendes Argument handelt) dient eine an klar definierten Begrifflichkeiten entsprechend den Regelungszwecken des Gesetzgebers eingebettet in einen schlüssigen Regelungszusammenhang ausgerichtete Auslegung mehr als eine einseitige besondere Gewichtung des Wortlauts.

Der Wortlaut ist zudem stets Ausgangspunkt und regelmäßig Grenze der Auslegung.[92] Darin liegt keine Spezialität des Verjährungsrechts. Der Wortlaut gibt den Rahmen vor, der mit den übrigen Auslegungskriterien, insbesondere dem Regelungszusammenhang und der Regelungsabsicht des Gesetzgebers, ausgelotet wird. Daneben sind auch in der Auslegung von Regeln des Verjährungsrechts objektiv-teleologische Kriterien und die sog. verfassungskonforme Auslegung geeignet, bei mehreren möglichen Auslegungen den Ausschlag zu geben.[93]

Dass auch im Verjährungsrecht die Auslegungskriterien neben dem Wortlaut nicht einfach zurückstehen können, zeigt das Beispiel der verfassungskonformen Auslegung. Bei der Auslegung ist zu berücksichtigen, dass eine Verjährung ansonsten begründeter Ansprüche einen Eingriff in Art. 14 GG bedeutet.[94] Dieser Eingriff ist allerdings grundsätzlich gerechtfertigt durch den Zweck der Verjährung mit den Gedanken des Schuldnerschutzes und des Rechtsfriedens.[95] Sie überwiegen bei der Abwägung mit den Interessen des Gläubigers.[96] Eine Verjährungsregelung muss dabei einen angemessenen Ausgleich der Interessen von

---

91 Kritisch auch *Unterrieder*, S. 18 f.

92 Larenz/*Canaris*, Methodenlehre der Rechtswissenschaft, Kapitel 4 2. f. Nr. 1; vgl. kritisch zur Wortlautgrenze *Depenheuer*, Der Wortlaut als Grenze, S.38 ff., 47 ff., der dem Kontext eine erheblich größere Bedeutung zumisst.

93 Vgl. allgemein Larenz/*Canaris*, Methodenlehre der Rechtswissenschaft, Kapitel 4 2. f. Nr. 5-6.

94 BVerfG, Beschluss vom 08.06.1977 -2 BvR 499/74 und 2 BvR 1042/75 juris Rn.109 = E 45, 142, 174, 179; BVerfG, Beschluss vom 31.10.1984 – 1 BvR 35/82, 1 BvR 356/82, 1 BvR 794/82 juris Rn. 77 = E 68, 193, 222.

95 BGH, Urteil vom 17.06.2005 – V ZR 202/04 juris Rn. 19 = NJW-RR 2005, 1683 m.w.N.; *Ellenberger* in Palandt, BGB, Überbl v § 194 Rn. 7.

96 *Ellenberger* in Palandt, BGB, Überbl v § 194 Rn. 10.

Schuldner und Gläubiger bieten.[97] Darin liegt ein Gerechtigkeitswert,[98] der mit einer rein formal anzuwendenden Regelung kaum vereinbar erscheint.[99] Zwar nicht zwingende Voraussetzung der Verjährung,[100] gleichwohl aber grundsätzlich rechtfertigend wirkt dabei die regelmäßig bestehende Möglichkeit des Gläubigers, die Verjährung durch Verfolgung seines Anspruchs zu verhindern.[101] Dem Ziel der Rechtsprechung, der Rechtssicherheit einen angemessenen Stellenwert einzuräumen, kann besser dadurch erreicht werden, dass diese als objektiv-teleologisches Kriterium Berücksichtigung findet.

Es bleibt damit festzuhalten, dass auch im Verjährungsrecht die allgemeinen Auslegungskriterien Anwendung finden.[102]

---

97 BGH, Urteil vom 17.06.2005 – V ZR 202/04 juris Rn. 19 = NJW-RR 2005, 1683 m.w.N.; besonders auf die Gläubigerinteressen stellt *Unterrieder*, S. 29, ab.

98 Den Gerechtigkeitsgehalt der Verjährungsregelungen erkennt auch der BGH an, vgl. BGH, Urteil vom 08.01.1986 – VIII ZR 313/84 = NJW 1986, 1608, 1609.

99 *Unterrieder*, S. 20 f.

100 Vgl. BGH, Urteil vom 16.09.2005 – V ZR 242/04 juris Rn. 11 = NJW-RR 2006, 384.

101 *Ellenberger* in Palandt, BGB, Überbl. v § 194 Rn. 10; vgl. auch BGH, Urteil vom 17.06.2005 – V ZR 202/04 juris Rn. 19 = NJW-RR 2005, 1683.

102 Ebenso *Unterrieder*, S. 21.

E. Auslegung des Begriffs der Entstehung des Anspruchs

Ausgehend von den o.g. Kriterien (vgl. bereits oben D) ist zu untersuchen, wie der Begriff der „Entstehung des Anspruchs" auszulegen ist.

I. Wortlaut

1. Allgemeiner Sprachgebrauch

Der Begriff besteht aus dem Wortpaar „Entstehung" und „Anspruch". Daher muss auch eine kurze Betrachtung des Anspruchsbegriffs erfolgen.

a. Entstehung

Der Begriff der Entstehung wird im BGB nicht definiert. Er wird allerdings auch in anderen Regelungen verwendet, worauf vor dem Hintergrund des Regelungszusammenhangs zurück zu kommen sein wird (vgl. unten II.).

Zunächst soll der allgemeine Sprachgebrauch untersucht werden:

Das Nomen „Entstehung" ist abgeleitet von dem Verb „entstehen".[103] Das Verb hat ursprünglich zwei Bedeutungen: 1) wegstehen, daher fehlen, mangeln sowie 2) aufstehen, emporkommen, werden.[104] Nach neueren Quellen „zu bestehen, zu sein beginnen; geschaffen, hervorgerufen werden"[105] hervorgerufen werden"[106]

Das Nomen „Entstehung" beschreibt einen „Schaffensprozess oder eine Entwicklung von Neuem aus Altem".[107] Das Wort „Entstehung" wird dabei vorzugsweise rückblickend verwendet; für die gegenwärtige oder zukünftige Entstehung wird die direkte Substantivierung „das Entstehen" bevorzugt.[108]

---

103 *Grimm*, Deutsches Wörterbuch, Stichwort: „Entstehung".

104 *Heyne*, Deutsches Wörterbuch, Stichwort: „entstehen"; im Ergebnis ähnlich, wenn auch ausführlicher: *Grimm*, Deutsches Wörterbuch, Stichwort: „entstehen".

105 Duden | entstehen | Rechtschreibung, Bedeutung, Definition, Herkunft (zitiert nach https://www.duden.de/node/137526/revision/137562).

106 Duden aaO.

107 http://de.wiktionary.org/wiki/Entstehung.

108 http://de.wiktionary.org/wiki/Entstehung.

Das Wort steht daher sowohl für den gegenwärtigen oder zukünftigen Prozess der Entstehung, der überwiegend als das Entstehen bezeichnet wird, als auch für das Ergebnis im Sinne eines abgeschlossenen Entstehungsprozesses in der Vergangenheit, auf den zurückgeblickt wird.

In § 199 ff. wird einerseits daran angeknüpft, dass der „Anspruch entstanden" ist (§ 199 Abs. 1 Nr. 1), andererseits auf die „Entstehung des Anspruchs" (§§ 199 Abs. 2 bis 5, § 200 f.) Bezug genommen. Während die erste Formulierung nur eine Interpretation (im Sinne eines abgeschlossenen Entstehungsprozesses, also eines Ergebnisses) erlaubt, kommt für die Bezugnahme auf eine „Entstehung" wie ausgeführt auch eine Interpretation als Prozess in Betracht. Die Verwendung beider Begriffe in engem Zusammenhang innerhalb derselben Regelung spricht dafür, dass diese einheitlich zu verstehen sind. Dabei liegt ein einheitliches Verständnis im Sinne der zuerst, nämlich in § 199 Abs. 1 Nr. 1 vorkommenden, Formulierung näher. Nur ein solches Verständnis (i.S.e. Ergebnisses) gelangt zu einem definierbaren Zeitpunkt, während die andere Verständnismöglichkeit (i.S.e. Prozesses) allenfalls einen Zeitraum beschreiben könnte. Dafür spricht auch, dass der Begriff der „Entstehung" im Gegensatz zu dem des „Entstehens" ohnehin überwiegend in diesem Sinne (d.h. eines Ergebnisses) verstanden wird. Offenbar meint das Gesetz also seinem Wortlaut nach aufgrund der Verwendung der Vergangenheitsform nicht den Prozess des Entstehens, sondern sein Ergebnis.

b. Anspruch

§ 194 Abs. 1 definiert den Anspruch als „das Recht, von einem anderen ein Tun oder Unterlassen zu verlangen".[109]

Verlangen kann der Gläubiger schon dann etwas, wenn ihm ein Recht grundsätzlich zusteht. Dafür kommt es zunächst nicht darauf an, ob der Schuldner dem Verlangen auch nachkommen muss. Man könnte deshalb alle (hier untechnisch gemeinten) „Gegenrechte des Schuldners" unberücksichtigt lassen, so dass sie der Existenz eines Anspruchs im Sinne des § 194 nicht entgegenstünden. Das

---

109 Vgl. auch den Wortlaut des § 241 Abs. 1 BGB: „Kraft des Schuldverhältnisses ist der Gläubiger berechtigt, von dem Schuldner eine Leistung zu fordern." Eine Forderung ist nach heutigem Verständnis nichts anderes als ein (schuldrechtlicher) Anspruch, vgl. nur *Bachmann* in MüKo, BGB, § 241 Rn. 6 m.w.N.; nach Einführung des BGB versuchte man aus einem vermeintlichen Unterschied zwischen Anspruch und Forderung aber auch Rechtsfolgen herzuleiten, vgl. etwa *Liman*, S. 8.

würde den Umgang mit dem Anspruchsbegriff wesentlich entlasten und damit erleichtern.

Demgegenüber kann ein Recht, etwas zu verlangen, auch so verstanden werden, dass es sich um ein durchsetzbares Recht handeln muss, der Schuldner mithin verpflichtet sein muss, dem Verlangen des Gläubigers auch nachzukommen. Dann bestünde ein Anspruch nur, wenn der Gläubiger ihn auch gegen den Schuldner durchsetzen kann. Jeder Einwand des Schuldners würde den Anspruch also ausschließen.

2. Besonderer juristischer Sprachgebrauch

In der Rechtswissenschaft wird üblicherweise nach dem sog. „inneren System" der Ansprüche zwischen drei Betrachtungsebenen unterschieden:[110]

1. Anspruch entstanden
2. Anspruch untergegangen
3. Anspruch durchsetzbar

Dem entstandenen Anspruch (1.) können danach also Einwendungen (2.) und Einreden (3.) entgegenstehen. Differenziert wird weiter zwischen rechtshindernden und vernichtenden Einwendungen. Greifen rechtshindernde Einwendungen durch, ist ein Anspruch trotz Vorliegens der Anspruchsvoraussetzungen von vornherein nie entstanden.[111] Allenfalls rechtshindernde Einwendungen könnten daher bei der Entscheidung, ob ein Anspruch entstanden ist, Berücksichtigung finden. Demgegenüber betreffen rechtsvernichtende Einwendungen den Wegfall eines zuvor entstandenen Anspruchs und rechtshemmende Einreden dessen Durchsetzbarkeit. Beide haben daher auf die Entstehung eines Anspruchs selbst keinen Einfluss, sondern lediglich auf sein anschließendes weiteres Schicksal.[112] Die Einrede lässt den Anspruch in seiner Existenz unberührt.[113]

---

110 *Schur*, S. 23; *Schapp*, JuS 1992, 537, 539.

111 *Neuner, 9. Auflage*, § 18 Rn. 48; *Riezler* in Staudinger, 5./6. Auflage, § 194 Anm. 8.

112 Damit hat sich bereits *Windscheid* (Pandekten I, § 47) befasst. Er führt dazu aaO. aus: "*Einem Anspruch kann eine Einrede entgegenstehen. Das will sagen: ein Anspruch ist zwar begründet, es sind alle Thatsachen vorhanden, welche das Recht für seine Entstehung verlangt, es ist keine Thatsache vorhanden, an welche das recht seinen Untergang anknüpft; aber ein ihm entgegenstehender Umstand bewirkt, daß der Verpflichtete ihn abweisen, sich seiner Durchführung widersetzen kann; durch diesen Umstand ist der Anspruch gehemmt.*"

113 Das wird heute soweit ersichtlich nicht mehr bestritten. Zur Zeit der Entstehung des BGB war das allerdings anders, vgl. *Riezler* in Staudinger, 5./6. Auflage, § 194 Anm.

Zudem muss der nichtexistierende Anspruch erst erzeugt werden, um vorhanden zu sein, während der einredebehaftete Anspruch trotz der Einrede existiert und deshalb durch den bloßen Wegfall der Einrede durchsetzbar wird.[114] Es liegt deshalb auch rechtstheoretisch nahe, die Existenz eines Anspruchs und damit seine „Entstehung" nicht vom Fehlen von Einreden abhängig zu machen.[115]

Während damit also das Fehlen von Einreden als Voraussetzung für die Entstehung eines Anspruchs ausscheidet, bestätigt diese Betrachtungsweise, dass aufschiebende Bedingungen (§ 158 Abs. 1) und Anfangstermine (§ 163) einer Entstehung des Anspruchs entgegenstehen können, soweit der Anspruch als Wirkung des Rechtsgeschäfts von der Bedingung oder dem Anfangstermin abhängig gemacht ist. Ein enges Verständnis vom Entstehen eines Anspruchs könnte aber auch das Fehlen rechtshindernder Einwendungen ausblenden und das Vorliegen der Voraussetzungen des Tatbestands selbst genügen lassen.

3. Zwischenergebnis

Dem Wortlaut des § 199 i.V.m. § 194 ist nach allgemeinem Sprachgebrauch keine zwingende Erkenntnis darüber zu entnehmen, was inhaltlich notwendig ist, damit von einer „Entstehung des Anspruchs" gesprochen werden kann. Der besondere juristische Sprachgebrauch legt es allerdings näher, zumindest auch einen solchen Anspruch als entstanden anzusehen, dem eine Einrede entgegensteht. Unklar ist, welche Bedeutung rechtshindernde und rechtsvernichtende Einwendungen für die Entstehung eines Anspruchs haben.

Da unklar ist, was Voraussetzung der Entstehung eines Anspruchs ist, verbleiben nach dem Wortlaut unterschiedlichste Auslegungsmöglichkeiten.

Frühester Zeitpunkt für das Bestehen eines Anspruchs i.S.d. § 199 Abs. 1 Nr. 1 dürfte der Zeitpunkt des Vorliegens der Tatbestandsvoraussetzungen der jeweiligen Anspruchsnorm sein. Dieses Verständnis entspricht auch am ehesten dem

---

8; *Leonhard*, AT, S. 224; *Langheineken*, S. 43 ff.; *Oertmann*, S. 589. Die abweichende Auffassung nahm an, dass auch die Einrede den Bestand des Anspruchs ausschließt, vgl. *Hoelder*, Vorbem. VII vor § 194; *Hoelder*, AcP 93, S. 59 ff.; *Hellwig*, S. 9. Letztere Autoren machen bemerkenswerterweise zugleich bei der Verjährung die Fälligkeit zur Voraussetzung der Entstehung des Anspruchs (*Hellwig*, S. 7, betrachtet dessen ungeachtet einen Anspruch aber auch schon vor Eintritt der Fälligkeit als vorhanden).

114 *Windscheid/Kipp*, Pandekten I, § 47 Fn. 1.

115 Vgl. *Windscheid/Kipp*, Pandekten I, § 47, S. 210: *„Die Einrede ist eine Einwendung, welche einem bestehenden Anspruch entgegensteht (390) […]"*.

rechtlichen Verständnis des Wortlauts.[116] Spätester Zeitpunkt ist das (erstmalige?) Vorliegen eines durchsetzbaren Anspruchs. Auch ein solches Verständnis des Wortlauts ist zumindest möglich, wie die heute allgemeine Auffassung zum grundsätzlichen Erfordernis der Fälligkeit für die Entstehung des Anspruchs in § 199 Abs. 1 bestätigt.[117]

II. Regelungszusammenhang

Das BGB regelt die Verjährung im Allgemeinen Teil.[118] Es verwendet den Begriff der Entstehung des Anspruchs, der Forderung oder des Schuldverhältnisses an vielen verschiedenen Stellen. Aus der Verwendung dieser Begriffe an anderen Stellen folgen möglicherweise auch Erkenntnisse für die Bedeutung des Begriffs in §§ 199 ff.

1. Regelungen im Allgemeinen Teil des BGB

Für die Entstehung des Anspruchs sind im allgemeinen Teil neben den Vorschriften über die Verjährung insbesondere die Regelungen über Bedingung und Zeitbestimmung von Bedeutung.

a. Abschnitt 3 (Rechtsgeschäfte)

§ 158 Abs. 1 regelt, dass die von einer (aufschiebenden) Bedingung abhängig gemachte Wirkung erst mit dem Eintritt der Bedingung eintritt. Soweit in einem Rechtsgeschäft also der Anspruch als Wirkung unter einer aufschiebenden Bedingung vorgesehen ist, spricht dies dafür, dass dieser Anspruch erst mit Eintritt der Bedingung entsteht.

Die Regelung gilt bei der Vereinbarung eines Anfangstermins für die Wirkung eines Rechtsgeschäfts gem. § 163 entsprechend. Ist also ein Anspruch als Wirkung nur unter einem Anfangstermin vereinbart, so entsteht auch ein solcher Anspruch erst mit Eintritt des Anfangstermins.

---

116 *Neuner, 9. Auflage*, § 17 Rn. 12; ebenso *Neuner*, § 22 Rn. 27; ebenso *Piekenbrock* in BeckOGK BGB, Stand 1.2.2021, § 199 Rn. 16 („nach allgemeiner Terminologie").

117 Ob eine solche Auslegung allerdings mit der insbesondere von der Rechtsprechung aufgestellten Anforderung einer strengen Wortlautauslegung (D.II) vereinbar ist, erscheint zumindest fraglich.

118 Das war durchaus nicht selbstverständlich, sondern es gab auch Überlegungen, die Verjährung im zweiten Buch (Recht der Schuldverhältnisse) zu regeln (vgl. *Jakobs/Schubert*, S. 1083 ff., 1090, 1104 Fn. 64, 1105 Fn. 65).

b. Abschnitt 5 (Verjährung)

aa. Titel 1

Wie bereits dargestellt, eröffnet das BGB die Vorschriften über die Verjährung in Titel 1 mit einer Definition des Anspruchs in § 194 Abs. 1 und der Anordnung, dass dieser der Verjährung unterliegt. In den §§ 195 ff. schließen sich Vorschriften zur Verjährungsfrist an.

Die folgenden §§ 199 bis 201 enthalten die bereits oben (A.II) bereits dargestellten Regelungen zum Beginn der Verjährung.

Titel 1 schließt mit § 202, einer Regelung zu Vereinbarungen über die Verjährung. § 202 Abs. 2 lautet:

> *„Die Verjährung kann durch Rechtsgeschäft nicht über eine Verjährungsfrist von 30 Jahren ab dem gesetzlichen Verjährungsbeginn hinaus erschwert werden."*

Die Regelung knüpft für die zeitliche Grenze verjährungserschwerender Vereinbarungen nicht an die Entstehung des Anspruchs an, sondern an den gesetzlichen Verjährungsbeginn. Dies dürfte sich dadurch erklären, dass einige Vorschriften für den Verjährungsbeginn ausnahmsweise nicht oder zumindest nicht ausschließlich an die Entstehung des Anspruchs anknüpfen, sondern noch weitere Voraussetzungen haben, wie beispielsweise der subjektive Tatbestand in § 199 Abs. 1 Nr. 2 zeigt.

Die Regelung selbst hilft bei der Auslegung des § 199 Abs. 1 Nr. 1 nicht weiter. Ihre Auslegung wird aber mittelbar erheblich davon beeinflusst, wann Entstehung des Anspruchs als Voraussetzung des gesetzlichen Verjährungsbeginns vorliegt.

bb. Titel 2

In Titel 2 folgen Regelungen zur Hemmung, Ablaufhemmung und zum Neubeginn der Verjährung. Hieraus hervorzuheben ist § 205.

§ 205 lautet:

> *„Die Verjährung ist gehemmt, solange der Schuldner auf Grund einer Vereinbarung mit dem Gläubiger vorübergehend zur Verweigerung der Leistung berechtigt ist."*

Aus dieser Regelung folgt für den vorliegenden Zusammenhang zunächst (vgl. aber auch unten F[119]), dass nach der Vorstellung des Gesetzgebers offenbar

---

119 Dort insbesondere zu der hier zunächst zurückgestellten Frage, ob aus § 205 BGB eine Hemmung der Verjährung bei fehlender Fälligkeit hergeleitet werden kann.

die Existenz von Ansprüchen in Betracht kommt, denen ein Leistungsverweigerungsrecht entgegensteht. Würde sich das Bestehen eines Leistungsverweigerungsrechts und der Bestand eines Anspruchs ausschließen, bedürfte es der Regelung nicht. Eine Regelung zur Hemmung der Verjährung erscheint nur dann sinnvoll, wenn der Gegenstand der Verjährung existiert und die Verjährung überhaupt läuft. Die Vorschrift spricht also dafür, dass Entstehung eines Anspruchs und Verjährungslauf grundsätzlich auch beim Vorliegen eines Leistungsverweigerungsrechts in Betracht kommen.

cc. Titel 3

Titel 3 regelt die Rechtsfolgen der Verjährung.

§ 214 lautet:

> *„(1) Nach Eintritt der Verjährung ist der Schuldner berechtigt, die Leistung zu verweigern. (2) Das zur Befriedigung eines verjährten Anspruchs Geleistete kann nicht zurückgefordert werden, auch wenn in Unkenntnis der Verjährung geleistet worden ist. Das Gleiche gilt von einem vertragsmäßigen Anerkenntnis sowie einer Sicherheitsleistung des Schuldners."*

Das Gesetzt ordnet also - anders als in § 362 Abs. 1 - kein Erlöschen des Anspruchs an. Der Eintritt der Verjährung begründet vielmehr nach § 214 Abs. 1 „nur" ein Leistungsverweigerungsrecht.[120] Dies spricht dagegen, dass ein Leistungsverweigerungsrecht den Anspruch untergehen lässt.[121]

Der Anspruch kann ferner gem. § 214 Abs. 2 trotz Bestehens dieses Leistungsverweigerungsrechts befriedigt werden. Auch das setzt voraus, dass der Anspruch trotz des Leistungsverweigerungsrechts besteht. Überdies handelt es sich bei § 214 Abs. 1 um ein dauerhaftes (peremptorisches) Leistungsverweigerungsrecht. Wenn dieses den Bestand des Anspruchs unberührt lässt, kann für vorübergehende (dilatorische) Leistungsverweigerungsrechte nichts anderes gelten.

Der Gesetzgeber sieht also offenbar keinen Widerspruch zwischen dem Bestehen eines Anspruchs und gegen diesen gerichteten peremptorischen Leistungsverweigerungsrechten, jedenfalls wenn es sich dabei um die Einrede der Verjährung handelt.

---

120 Vgl. BGH, Urteil vom 19.5.2006 - V ZR 40/05 Rn. 11 = NJW 2006, 2773 (2774); BGH, Beschluss vom 2.10.2003 - V ZB 22/03 = NJW 2004, 164.

121 Vgl. zur Entwicklungsgeschichte der gesetzlichen Konstruktion der Rechtsfolgen der Verjährung: *Hermann*, in: HKK, BGB, §§ 194-225, Rn. 21 m.w.N.

§ 215 lautet:

> *„Die Verjährung schließt die Aufrechnung und die Geltendmachung eines Zurückbehaltungsrechts nicht aus, wenn der Anspruch in dem Zeitpunkt noch nicht verjährt war, in dem erstmals aufgerechnet oder die Leistung verweigert werden konnte."*

Daraus folgt zunächst, dass Aufrechnung und Zurückbehaltungsrecht auf einen verjährten Anspruch nur gestützt werden können, wenn die in § 215 genannten Voraussetzungen vorliegen. Dass ein Anspruch sich grundsätzlich nicht mehr eignet, in der fraglichen Art eingesetzt zu werden, kann auf zweierlei Weise konstruiert werden: Der Anspruch geht mit Eintritt der Verjährung unter und steht damit schon gar nicht mehr zur Verfügung, oder er besteht auch nach Eintritt der Verjährung fort, ist aber eingeschränkt, nämlich nicht mehr durchsetzbar. Die Regelung des § 215 wäre vor diesem Hintergrund entweder so zu verstehen, dass sie eine Ausnahme von der fehlenden Durchsetzbarkeit macht, soweit der Anspruch früher in der fraglichen Art hätte eingesetzt werden können. Oder das Gesetz schafft die Möglichkeit, rückwirkend von einem bereits erloschenen Recht Gebrauch zu machen. Die letztgenannte Konstruktion ist mit dem System des BGB nur schwer vereinbar. §§ 2143, 2175 zeigen zwar, dass auch ein Wiederaufleben erloschener Rechte dem BGB nicht völlig fremd ist. Es wird dort allerdings - anders als in § 215 - ausdrücklich angeordnet. Die erstgenannte Konstruktion ist hingegen gut mit § 214 vereinbar, der den Anspruch wie aufgezeigt fortbestehen lässt.

§ 216 bestätigt dies: Trotz Verjährung der gesicherten Forderung soll in den dort genannten Fällen eine Befriedigung aus der Sicherheit abweichend vom Grundsatz der Akzessorietät möglich sein, auch wenn die Sicherheit vor Eintritt der Verjährung bestellt wurde.[122]

dd. Zwischenergebnis

Den Regelungen zur Verjährung kann damit zwar nicht abschließend entnommen werden, wann ein Anspruch entstanden ist. Es haben sich aber insbesondere in §§ 205, 214 bis 216 erhebliche Anhaltspunkte dafür ergeben, dass das Bestehen eines Leistungsverweigerungsrechts der Existenz eines Anspruchs nicht entgegensteht. Nach Wortlaut und Systematik des Allgemeinen Teils des BGB kommt also eine Entstehung des Anspruchs auch dann in Betracht, wenn diesem ein Leistungsverweigerungsrecht entgegensteht.

---

122 *Grothe* in MüKo, BGB, § 216 Rn. 1.

2. Regelungen im Recht der Schuldverhältnisse des BGB

a. Abschnitt 1 bis 7 („Allgemeines Schuldrecht“)

Im Allgemeinen Teil des Schuldrechts wird der Begriff der Entstehung bezogen auf Ansprüche bzw. Schuldverhältnisse in den §§ 269 und 270 verwendet.

§ 269 Abs. 1 und 2 lauten:

> *„(1) Ist ein Ort für die Leistung weder bestimmt noch aus den Umständen, insbesondere aus der Natur des Schuldverhältnisses, zu entnehmen, so hat die Leistung an dem Orte zu erfolgen, an welchem der Schuldner zur Zeit der Entstehung des Schuldverhältnisses seinen Wohnsitz hatte.*
> *(2) Ist die Verbindlichkeit im Gewerbebetrieb des Schuldners entstanden, so tritt, wenn der Schuldner seine gewerbliche Niederlassung an einem anderen Orte hatte, der Ort der Niederlassung an die Stelle des Wohnsitzes.“*

Der Zeitpunkt der Entstehung des Schuldverhältnisses wird hier – wenn er überhaupt problematisiert wird – mit dem Vorliegen der Tatbestandsvoraussetzungen, bei Verträgen dem Abschluss des Vertrages, gleichgesetzt.[123] Dies soll gem. OLG Stuttgart[124] sogar dann gelten, wenn dessen Wirksamkeit noch von dem späteren Eintritt einer Bedingung abhängen soll. So bestehe von vornherein Klarheit hinsichtlich des Erfüllungsortes und des daran anknüpfenden besonderen Gerichtsstandes. Wäre der Erfüllungsort hingegen noch von der künftigen Entwicklung des Vertragsverhältnisses und späteren, nicht voraussehbaren Entwicklungen in der Privatsphäre des Schuldners abhängig, fehlte diese Klarheit.[125] Es kommt danach hier für die Entstehung des Schuldverhältnisses jedenfalls nicht auf den Zeitpunkt der Fälligkeit an. Auf die Entstehung des Anspruchs ist dies aber nur dann übertragbar, wenn in § 269 mit „Entstehung des Schuldverhältnisses“ ein Schuldverhältnis im engeren Sinne, also eine Forderung und damit ein Anspruch gemeint ist und nicht lediglich ein Schuldverhältnis im weiteren Sinne,[126] mithin einen Vertrag. Nach dem Wortlaut des § 269 sind beide Auslegungen denkbar. § 269 steht allerdings in engem systematischem

---

123 *Bittner/Kolbe* in Staudinger, BGB, § 269 Rn. 7.

124 Urteil vom 13.02.1987 - 2 U 53/86 = NJW-RR 1987, 1076 m.w.N.: Anders als im Falle des § 198 BGB a.F. (auf den die Vorinstanz abgestellt hatte) sei die Bedingung hier nur für das Wirksamwerden des Rechtsgeschäfts, nicht aber für die Entstehung des Schuldverhältnisses i. S. d. § 269 Abs. 1 BGB maßgebend.

125 OLG Stuttgart, Urteil vom 13.02.1987 - 2 U 53/86 = NJW-RR 1987, 1076.

126 So versteht OLG Stuttgart, Urteil vom 13.02.1987 - 2 U 53/86 = NJW-RR 1987, 1076 die Regelung offenbar.

Zusammenhang mit § 270. In dessen Abs. 3 ist ebenfalls vom Zeitpunkt der Entstehung des Schuldverhältnisses die Rede. § 270 Abs. 2 spricht hingegen ausdrücklich vom Entstehen der „Forderung". § 270 Abs. 2 und 3 lauten:

> *„(2) Ist die Forderung im Gewerbebetrieb des Gläubigers entstanden, so tritt, wenn der Gläubiger seine gewerbliche Niederlassung an einem anderen Orte hat, der Ort der Niederlassung an die Stelle des Wohnsitzes.*
> *(3) Erhöhen sich infolge einer nach der Entstehung des Schuldverhältnisses eintretenden Änderung des Wohnsitzes oder der gewerblichen Niederlassung des Gläubigers die Kosten oder die Gefahr der Übermittlung, so hat der Gläubiger im ersteren Falle die Mehrkosten, im letzteren Falle die Gefahr zu tragen."*

Angesichts der inhaltlichen Nähe der Regelungen in §§ 269 und 270 ist davon auszugehen, dass die Regelungen einheitlich an denselben Zeitpunkt anknüpfen. Dies kann nach dem Wortlaut des § 270 Abs. 2 („Forderung") aber nur der Zeitpunkt der Entstehung der Forderung und damit das Schuldverhältnis im engeren Sinne sein.[127] Für das Schuldverhältnis im Sinne des § 269 gilt nichts anderes. Nach diesen Regelungen kommt es für die Entstehung eines Anspruchs aber jedenfalls nicht auf dessen Fälligkeit an.

§ 273 Abs. 1 und 2 lauten:

> *„(1) Hat der Schuldner aus demselben rechtlichen Verhältnis, auf dem seine Verpflichtung beruht, einen fälligen Anspruch gegen den Gläubiger, so kann er, sofern nicht aus dem Schuldverhältnis sich ein anderes ergibt, die geschuldete Leistung verweigern, bis die ihm gebührende Leistung bewirkt wird (Zurückbehaltungsrecht).*
> *(2) Wer zur Herausgabe eines Gegenstands verpflichtet ist, hat das gleiche Recht, wenn ihm ein fälliger Anspruch wegen Verwendungen auf den Gegenstand oder wegen eines ihm durch diesen verursachten Schadens zusteht, es sei denn, dass er den Gegenstand durch eine vorsätzlich begangene unerlaubte Handlung erlangt hat."*

In beiden Regelungen fügt der Gesetzgeber dem Wort „Anspruch" das Adjektiv „fällig" hinzu. Diese Ergänzung erscheint nur sinnvoll, wenn der Begriff Anspruch nicht bereits per se Fälligkeit voraussetzt oder dies zumindest zweifelhaft ist. Aus § 274 Abs. 2 folgt darüber hinaus, dass ein Anspruch auch trotz gerichtlicher Feststellung eines Zurückbehaltungsrechts bestehen[128] (und unter den dort genannten Voraussetzungen vollstreckt werden) kann.

---

127 Im Ergebnis ebenso: *Grüneberg* in Palandt, § 269 Rn. 7 (Leistungsort für jede einzelne Verpflichtung besonders zu bestimmen) m.w.N.

128 *Krüger* in MüKo, § 273 Rn. 91 (die Ausübung des Zurückbehaltungsrechts ändere den Anspruch in einen Anspruch auf Leistung Zug um Zug, lasse ihn aber ansonsten unberührt, beseitige insbesondere nicht die Fälligkeit).

§ 321 Abs. 1 Satz 1 lautet

> *„(1) Wer aus einem gegenseitigen Vertrag vorzuleisten verpflichtet ist, kann die ihm obliegende Leistung verweigern, wenn nach Abschluss des Vertrags erkennbar wird, dass sein Anspruch auf die Gegenleistung durch mangelnde Leistungsfähigkeit des anderen Teils gefährdet wird."*

> *Die Regelung nimmt einen existierenden (wenn auch noch nicht durchsetzbaren) Anspruch auf die Gegenleistung also auch dann an, wenn eine Vorleistungspflicht zugunsten des anderen Teils besteht.*

Die Vorschriften des allgemeinen Schuldrechts enthalten also erhebliche Anhaltspunkte dafür, dass die Fälligkeit für das Vorliegen eines Anspruchs keine Voraussetzung ist.

b. Abschnitt 8 (Einzelne Schuldverhältnisse)

§ 488 begründet in Abs. 1 Satz 2 die Pflicht des Darlehensnehmers, das zur Verfügung gestellte Darlehen bei Fälligkeit zurückzuzahlen. Der Zeitpunkt der Entstehung dieses Rückzahlungsanspruchs ist streitig. Während teilweise angenommen wird, der Rückzahlungsanspruch entstehe bereits mit Vertragsschluss bzw. Valutierung, werde aber erst später fällig,[129] gehen andere Autoren davon aus, es handele sich um einen zukünftigen (erst später entstehenden) Anspruch.[130] Entsprechendes gilt für den Sachdarlehensvertrag (§ 607).[131] § 497 Abs. 3 S. 3 knüpft an die Entstehung an und lautet:

> *„Die Verjährung der Ansprüche auf Darlehensrückerstattung und Zinsen ist vom Eintritt des Verzugs nach Absatz 1 an bis zu ihrer Feststellung in einer in § 197 Abs. 1 Nr. 3 bis 5 bezeichneten Art gehemmt, jedoch nicht länger als zehn Jahre von ihrer Entstehung an."*

Für die Entstehung in diesem Sinne soll es auf die Fälligkeit ankommen.[132] Dafür enthält der Wortlaut auch hier keine eindeutigen Anhaltspunkte. Damit sind

---

129 *K. P. Berger* in MüKo, § 488 BGB Rn. 43 unter Hinweis auf *Habersack* in: *Hadding/Hopt/Schimansky* (Hrsg.), Bankrechtstag 2002, Neues Schuldrecht und Bankgeschäfte – Wissenszurechnung bei Kreditinstituten, 2003, S. 3, 7; *Freitag* in *Staudinger*, § 488 BGB Rn. 166; *Rohe* in BeckOK BGB, § 488 BGB Rn. 34.

130 *Eckert* in Soergel, § 607 Rn. 15; *Mülbert* in *Staudinger* (2011) § 488 Rn. 291; *Mülbert*, AcP 192 (1992), 447, 505; vgl. zur historischen Situation auch bereits *Klaucke*, S. 41 ff.

131 *Freitag* in *Staudinger*, § 607 BGB Rn. 43 m.w.N.

132 *Schürnbrand/Weber* in MüKo, § 497 BGB Rn. 33, ohne Begründung, aber in Fn. 96 unter Hinweis auf OLG Celle WM 2007, 1319, 1323 (ebenfalls ohne Begründung); *Knops* in BeckOGK BGB, Stand 1.1.2021, § 497 Rn. 34; vgl. auch *Budzikiewicz* WM 2003, 264, 265 (Anspruchsentstehung erst mit Fälligkeit) einerseits und S. 272

zwei Auslegungen denkbar: Eine, die von einem zukünftigen Anspruch ausgeht, der erst zum vereinbarten Zeitpunkt oder mit Kündigung entsteht und (dann) sofort fällig wird. Es fällt bei dieser Auslegung somit Entstehung und Fälligkeit zusammen, ohne dass die Entstehung von der Fälligkeit abhängt. Die Regelung lässt aber auch eine zweite Auslegung zu, die die Entstehung des Anspruchs an die Fälligkeit knüpft. Danach wären alle Voraussetzungen der Entstehung des Anspruchs mit Ausnahme der Fälligkeit bereits mit Vertragsschluss gegeben. Solange es aber an der Fälligkeit fehlt, wäre der Anspruch danach nicht entstanden. Die Regelung will verhindern, dass Darlehensgeber aufgrund der nach der Schuldrechtsreform grundsätzlich geltenden Regelverjährung von 3 Jahren verjährungshemmende Maßnahmen ergreifen, deren Kosten von dem säumigen Schuldner zu tragen wären, sodass sich dessen Gesamtkostenlast noch weiter erhöhen würde.[133] Nach diesem Sinn und Zweck der Regelung dürfte beabsichtigt gewesen sein, eine Hemmung von höchstens 10 Jahren nach der Fälligkeit des Anspruchs zu erreichen. Damit scheint eine Auffassung, die zu einer Hemmung von 10 Jahren ab Begründung des Darlehensvertrags und der damit verbundenen Entstehung des (wenn auch nicht fälligen) Rückzahlungsanspruchs gelangt, nicht vereinbar. Sie würde bei allen langfristigen Darlehensverträgen von 10 Jahren oder mehr leerlaufen. Da es schwer fällt, in § 497 Abs. 3 Satz 3 von einem späteren Zeitpunkt der Entstehung des Rückzahlungsanspruchs auszugehen als in § 488 Abs. 1, muss entweder bei § 488 Abs. 1 Satz 2 von einem zukünftigen Anspruch ausgegangen werden, oder die Entstehung des Anspruchs in § 497 Abs. 3 Satz 3 von der Fälligkeit abhängen. Für letzteres spricht, dass die Vorschrift im Rahmen der Schuldrechtsreform eingefügt wurde und der Gesetzgeber insoweit (wenn auch möglicherweise irrig) davon ausging, Entstehung sei in der Regel so auszulegen, dass dies grundsätzlich die Fälligkeit voraussetze.[134]

Der Schenker ist gem. § 519 Abs. 1 (Einrede des Notbedarfs) berechtigt, die Erfüllung eines schenkweise erteilten Versprechens zu verweigern, soweit er bei Berücksichtigung seiner sonstigen Verpflichtungen außerstande ist, das Versprechen zu erfüllen, ohne dass sein angemessener Unterhalt oder die Erfüllung der ihm kraft Gesetzes obliegenden Unterhaltspflichten gefährdet wird. Abs. 2 derselben Regelung lautet:

(maßgeblich sei nicht erst die Fälligkeit, sondern bereits die Anspruchsentstehung) andererseits.

133 *Knops* in BeckOGK BGB, Stand 1.1.2021, § 497 Rn. 33.

134 Vgl. *Budzikiewicz* WM 2003, 264, 265; *Knops* in BeckOGK BGB, Stand 1.1.2021, § 497 Rn. 34 f.

„Treffen die Ansprüche mehrerer Beschenkter zusammen, so geht der früher entstandene Anspruch vor."

Auch hier kommt es also entscheidend auf den Zeitpunkt der Entstehung des Anspruchs an. Bei der Auslegung der Regelung wird der Zeitpunkt der Entstehung des Anspruchs früh angesetzt. Maßgebend soll auch bei bedingten, befristeten oder einredebehafteten Forderungen der Zeitpunkt sein, in dem das Schenkungsversprechen angenommen worden ist.[135] Auf die Fälligkeit kommt es danach nicht an.

§ 563b Abs. 1 Satz 1 lautet:

„Die Personen, die nach § 563 in das Mietverhältnis eingetreten sind oder mit denen es nach § 563a fortgesetzt wird, haften neben dem Erben für die bis zum Tod des Mieters entstandenen Verbindlichkeiten als Gesamtschuldner."

Für die Abgrenzung, ob eine Verbindlichkeit bis zum Tod entstanden ist, soll maßgeblich sein, ob sie im Wege der Klage geltend gemacht werden kann; das sei in aller Regel gleichzusetzen mit der Fälligkeit gem. § 271 *(Fälligkeitsprinzip)*.[136] Dabei zeigt sich eine deutliche Parallele zu § 199 Abs. 1 Nr. 1 auf den teilweise auch verwiesen wird.[137] Die Regelung ist allerdings erst eingefügt worden, nachdem sich die allgemeine Auffassung vom Verständnis des § 199 Abs. 1 Nr. 1 durchgesetzt hat, wonach Fälligkeit Voraussetzung der Anspruchsentstehung ist.[138]

§ 613a Abs. 2 regelt im Zusammenhang mit dem Betriebsübergang Folgendes:

„Der bisherige Arbeitgeber haftet neben dem neuen Inhaber für Verpflichtungen nach Absatz 1, soweit sie vor dem Zeitpunkt des Übergangs entstanden sind und vor Ablauf von einem Jahr nach diesem Zeitpunkt fällig werden, als Gesamtschuldner. Werden solche Verpflichtungen nach dem Zeitpunkt des Übergangs fällig, so haftet der bisherige Arbeitgeber für sie jedoch nur in dem Umfang, der dem im Zeitpunkt des Übergangs abgelaufenen Teil ihres Bemessungszeitraums entspricht."

Die Regelung unterscheidet damit deutlich zwischen der Entstehung des Anspruchs einerseits und seiner Fälligkeit andererseits. Nach dieser Regelung ist die Fälligkeit damit kein Bestandteil der Entstehung eines Anspruchs.

---

135 *Koch* in MüKo, § 519 BGB Rn. 5; *Chiusi* in Staudinger, BGB, § 519 Rn. 11; so wohl auch *Zeranski*, S. 20 f.

136 *Streyl* in Schmidt-Futterer, Mietrecht, § 563 BGB Rn. 50 m.w.N.

137 *Streyl* aaO. in Fn. 128.

138 Vgl. zur Entstehungsgeschichte *Häublein* in MüKo, § 563b BGB Rn. 2.

§ 641 Abs. 1 Satz 1 regelt für die Vergütung beim Werkvertrag, dass diese bei der Abnahme zu entrichten ist, Satz 2 überträgt diesen Gedanken auf die Teilabnahme. Schon nach dem Wortlaut spricht einiges dafür, dass die Abnahme keine Voraussetzung der Entstehung des Anspruchs,[139] sondern seiner Fälligkeit[140] ist. § 641 Abs. 2 handelt sodann ausdrücklich von der Fälligkeit, die in den dort genannten Fällen unabhängig von einer Abnahme des Bestellers eintreten soll, was das vorgenannte Ergebnis bestätigt. § 641 Abs. 3 gewährt ein Leistungsverweigerungsrecht nach der Fälligkeit.

§ 650g Abs. 4 Satz 1 regelt, dass die Vergütung beim Bauvertrag zu entrichten ist, wenn die Abnahme erfolgt oder entbehrlich ist (Nr. 1) und der Unternehmer dem Besteller eine prüffähige Schlussrechnung erteilt hat (Nr. 2). Der parallel zu § 641 Abs. 1 Satz 1 gefasste Wortlaut spricht dafür, dass es sich ebenfalls um eine Fälligkeitsregelung handelt, und nicht um eine Regelung, die die Entstehung des Anspruchs betrifft.[141]

§ 813 Abs. 1 Satz 1 lautet:

> *„Das zum Zwecke der Erfüllung einer Verbindlichkeit Geleistete kann auch dann zurückgefordert werden, wenn dem Anspruch eine Einrede entgegenstand, durch welche die Geltendmachung des Anspruchs dauernd ausgeschlossen wurde."*

Damit geht das Gesetz also davon aus, dass sogar Ansprüche existieren können, deren Geltendmachung dauernd ausgeschlossen ist, denen also eine peremptorische Einrede entgegensteht. Dann kann aber die nur vorübergehende (und damit schwächere) fehlende Fälligkeit die Existenz eines Anspruchs nicht ausschließen.

§ 852 Satz 2 betrifft die Verjährung von bereicherungsrechtlichen Ansprüchen auf Herausgabe des aufgrund einer unerlaubten Handlung Erlangten und bestimmt:

> *„Dieser Anspruch verjährt in zehn Jahren von seiner Entstehung an, ohne Rücksicht auf die Entstehung in 30 Jahren von der Begehung der Verletzungshandlung oder dem sonstigen, den Schaden auslösenden Ereignis an."*

Diese Vorschrift knüpft damit wie § 199 Abs. 3 Nr. 1, Abs. 3a und Abs. 4 allein an die Entstehung an.[142] Es bietet sich eine gleichlautende Auslegung der

---

139 Vgl. *Merkle* in BeckOGK, Stand: 01.01.2021, § 631 BGB Rn. 555.
140 *Kögl* in BeckOGK, Stand: 01.01.2021, § 641 BGB Rn. 1.
141 Im Ergebnis ebenso *Kögl* in BeckOGK, Stand: 01.01.2021, § 650g BGB Rn. 177.
142 Vgl. *Sprau* in Palandt, BGB, § 852 Rn. 2 („inhaltlich angeglichen").

Entstehung des Anspruchs wie in § 199 Abs. 1 Nr. 1 an. Die Regelung präjudiziert die Auslegung des § 199 Abs. 1 Nr.1 aber nicht.

Danach kann folgendes Zwischenergebnis festgehalten werden: Die meisten Vorschriften des besonderen Schuldrechts, die den Themenkreis berühren, sprechen dagegen, dass die Entstehung eines Anspruchs von seiner Fälligkeit abhängt, nämlich §§ 519, 613a und 813. Eine Vorschrift ist zu dieser Frage neutral (§ 852) und zwei Vorschriften (§§ 497 und 563b) sprechen eher dafür, dass die Entstehung des Anspruchs von seiner Fälligkeit abhängt. Beide letztgenannten Vorschriften sind aber nachträglich in das BGB eingefügt worden, und zwar zu einem Zeitpunkt, zu dem die Entstehung eines Anspruchs gem. § 199 Abs. 1 Nr. 1 bereits allgemein von der Fälligkeit abhängig gemacht wurde. Sie sind also unter diesem Einfluss entstanden. Die Vorschriften können daher ohne Zirkelschluss nicht als Argument herangezogen werden, um die Fälligkeitsvoraussetzung in § 199 Abs. 1 Nr. 1 zu begründen.

3. Regelungen im Sachenrecht des BGB

Auch das Buch zum Sachenrecht enthält einige Regelungen, die im vorliegenden Zusammenhang Rückschlüsse auf die Vorstellungen des Gesetzgebers zulassen.

§ 886 lautet:

> *„Steht demjenigen, dessen Grundstück oder dessen Recht von der Vormerkung betroffen wird, eine Einrede zu, durch welche die Geltendmachung des durch die Vormerkung gesicherten Anspruchs dauernd ausgeschlossen wird, so kann er von dem Gläubiger die Beseitigung der Vormerkung verlangen."*[143]

Die Vorschrift verdeutlicht, dass eine Einrede, auch eine dauerhafte, den Anspruch nicht zum Erlöschen bringt.[144]

§ 1086 Satz 1:

> *„Die Gläubiger des Bestellers können, soweit ihre Forderungen vor der Bestellung entstanden sind, ohne Rücksicht auf den Nießbrauch Befriedigung aus den dem Nießbrauch unterliegenden Gegenständen verlangen."*

Auch für diese Regelung ist der Zeitpunkt der Entstehung der Forderung der Gläubiger entscheidend. Dafür kommt es darauf an, ob der Rechtsgrund der

143 Vgl. auch die Parallelvorschriften der §§ 1169, 1254 BGB.

144 *Kohler* in MüKo, BGB, § 886 Rn. 1 f. m.w.N.; vgl. auch *Lieder* in MüKo, BGB, § 1169 Rn. 1 und *Damrau* in MüKo, BGB, 6. Auflage 2013, § 1254 Rn. 1.

Forderung in tatsächlicher und rechtlicher Hinsicht bereits besteht.[145] Für eine Schadensersatzforderung sei dazu zwar die unerlaubte Handlung, nicht aber der Schadenseintritt erforderlich.[146] Bedingte oder betagte Forderungen sollen schon vor Bedingungseintritt bzw. Termin entstehen.[147] Die Fälligkeit der Forderung ist also auch nach dieser Regelung nicht Voraussetzung der Entstehung einer Forderung.

§ 1087 Abs. 1 Satz 1 lautet:

> *„Der Besteller kann, wenn eine vor der Bestellung entstandene Forderung fällig ist, von dem Nießbraucher Rückgabe der zur Befriedigung des Gläubigers erforderlichen Gegenstände verlangen."*

Hier differenziert der Wortlaut des Gesetzes ausdrücklich zwischen Entstehung der Forderung einerseits und ihrer Fälligkeit andererseits, so dass diese Regelung belegt, dass die Fälligkeit hier nach der Vorstellung des Gesetzgebers nicht Voraussetzung der Entstehung sein kann.

§ 1088 Abs. 1 lautet:

> *„Die Gläubiger des Bestellers, deren Forderungen schon zur Zeit der Bestellung verzinslich waren, können die Zinsen für die Dauer des Nießbrauchs auch von dem Nießbraucher verlangen. Das Gleiche gilt von anderen wiederkehrenden Leistungen, die bei ordnungsmäßiger Verwaltung aus den Einkünften des Vermögens bestritten werden, wenn die Forderung vor der Bestellung des Nießbrauchs entstanden ist."*

Der maßgebliche Zeitpunkt der Entstehung der Forderung in § 1088 Abs. 1 Satz 2 entspricht demjenigen des § 1086.[148]

4. Zwischenergebnis

Damit steht fest, dass nach dem Regelungszusammenhang des BGB auch derjenige Anspruch bestehen kann, dem eine Einrede entgegensteht und zwar sogar selbst dann, wenn es sich um eine peremptorische Einrede handelt.[149] Dies folgt

---

145 *Reischl* in BeckOK,BGB, § 1086 Rn. 5; *Pohlmann* in MüKo, BGB, § 1086 Rn. 3 m.w.N. Maßgeblich sind die gleichen Grundsätzen wie bei § 38 InsO.

146 *Pohlmann* aaO., jedoch ohne Begründung und weitere Nachweise.

147 *Herrler* in Palandt, BGB, § 1086 Rn. 1 und *Pohlmann* aaO. ohne Begründung, aber unter Hinweis auf RG, Urteil vom 12.11.1908 – VI 633/07 = RGZ 69, 416, 421 f. (der Rechtsgrund aufschiebend bedingter Ansprüche sei bereits gelegt, das Gesetz behandele diese in verschiedenen Vorschriften als bereits bestehende Ansprüche).

148 *Rothe* in RGRK, § 1088 Rn. 1.

149 Ebenso *Langheineken*, Anspruch und Einrede, § 2 A I (S. 20).

wie aufgezeigt aus den §§ 205, 214, 215, 321 Abs. 1 S. 1, 813 Abs. 1 S. 1, 886, 1169 und 1254 Abs. 1, in denen das Gesetz ausdrücklich davon ausgeht, dass es einen Anspruch geben könne, dem eine Einrede entgegensteht, durch welche die Geltendmachung des Anspruchs dauernd ausgeschlossen wird. Dann können aber auch vorübergehende Einreden dem Bestand eines Anspruchs nicht entgegenstehen. Damit steht insbesondere auch die fehlende Fälligkeit dem Bestehen eines Anspruchs nach dem BGB grundsätzlich nicht entgegen. Dies bestätigen zusätzlich die §§ 273, 613a Abs. 2, 1087 Abs. 1 S. 1,[150] in denen der Gesetzgeber dem Wort Anspruch jeweils noch das Adjektiv „fällig" hinzugefügt hat, was überflüssig wäre, wenn von einem Anspruch erst nach Eintritt der Fälligkeit gesprochen werden könnte. Im Übrigen folgt aus § 271 Abs. 2, dass auch ein nicht fälliger Anspruch regelmäßig erfüllbar ist, also besteht.

In einigen Regelungen des BGB (§§ 269, 519 Abs. 1, 1086 S. 1) wird der Zeitpunkt der Entstehung vertraglicher Ansprüche sogar dann mit Abschluss eines Vertrages angenommen, wenn diese betagt sind oder unter einer aufschiebenden Bedingung stehen. Dies scheint in Widerspruch zu den §§ 158, 163 zu stehen. Es lässt sich aber dann mit diesen Vorschriften vereinbaren, wenn man bei der Auslegung des Begriffs der Entstehung eines Anspruchs von einem engen juristischen Sprachgebrauch ausgeht, also das Vorliegen der tatbestandlichen Voraussetzungen der Anspruchsnorm selbst genügen lässt und die Abwesenheit von rechtshindernden Einwendungen für die Entstehung eines Anspruchs nicht voraussetzt.

Der Anspruch entsteht damit jedenfalls im Sinne der vorgenannten Vorschriften des BGB also nicht erst, wenn i.S.d. § 271 seine Befriedigung verlangt werden kann, sondern schon mit der Begründung des Gläubigerrechts.[151]

Dem üblichen Aufbau des BGB entspricht es, Allgemeines vor die Klammer zu ziehen und vorab zu regeln, so dass im weiteren Verlauf hieran angeknüpft werden kann. Geht man davon aus, dass der Gesetzgeber auch für die Entstehung des Anspruchs von diesem Ansatz nicht abgewichen ist, dann folgt daraus, dass es auch in § 199 Abs. 1 Nr. 1 für die Entstehung des Anspruchs auf das Bestehen von Einreden, namentlich die Fälligkeit, nicht ankommen kann. Hält man im Falle der §§ 158 Abs. 1, 163 einen Anspruch erst mit dem Eintritt

---

150 Auch für den Anspruch aus § 488 Abs.1 wird von einer verbreiteten Auffassung eine Entstehung des Anspruchs vor Fälligkeit angenommen, s.o. m.w.N.

151 *Rehbein*, S. 303 unter II 2 (allerdings unter Hinweis darauf, dass es sich um eine schiefe und inkorrekte, aber ungefährliche Konstruktion handele); im Ergebnis ebenso *Langheineken*, S. 20 Fn. 2; *Piekenbrock*, JbJZivRWiss 2001, 309 (322).

der Bedingung oder des Anfangstermins für entstanden, ist zwischen einem Anfangstermin i.S.d. § 163 einerseits und einer Fälligkeitsvereinbarung andererseits zu unterscheiden.

Allerdings hat sich auch gezeigt, dass es abweichend davon für einzelne Vorschriften für die Entstehung des Anspruchs sehr wohl auf die Fälligkeit ankommen soll, namentlich in §§ 497 Abs. 3 Satz 3 und 563b Abs. 1 Satz 1. Dabei wird jeweils an die Auslegung des § 199 Abs. 1 Nr. 1 angeknüpft, wie sie die heutige allgemeine Auffassung vornimmt.[152] Hier wird also einerseits ausdrücklich von einer systematisch einheitlichen Auslegung des Begriffs der „Entstehung des Anspruchs" ausgegangen. Andererseits erscheint es als Zirkelschluss, aus diesen von der heutigen allgemeinen Auffassung zur Auslegung des § 199 Abs. 1 Nr. 1 geprägten Auffassung auf die Auslegung des § 199 Abs. 1 Nr. 1 zurückzuschließen; zumal diese Auslegung all diejenigen Vorschriften außer Acht lässt, in denen die Fälligkeit nicht als Voraussetzung betrachtet wird. Festzuhalten bleibt, dass alle Vorschriften, die bereits zur Zeit der Entstehung des BGB existierten, gegen die Fälligkeit als Voraussetzung der Entstehung des Anspruchs sprechen.

III. Regelungsabsicht des Gesetzgebers bei der Schuldrechtsreform

Insbesondere die Literatur begründet die Auffassung, wonach es für die Entstehung des Anspruchs auf die Fälligkeit ankommt, mit einer entsprechenden Regelungsabsicht des Gesetzgebers.[153] Soweit es eine solche Regelungsabsicht gibt, könnte sich diese möglicherweise gegen die gefundenen systematischen Argumente durchsetzen.

1. Entwurf: Verjährungsbeginn ab Fälligkeit

Der Entwurf des § 199 Abs. 1 Nr. 1 lautete in der Tat zunächst so, dass erste Voraussetzung des Verjährungsbeginns die Fälligkeit des Anspruchs ist.[154] In der Begründung hieß es, dies entspreche dem bisherigen § 198 Satz 1 mit der Maßgabe, dass statt von der Entstehung von der Fälligkeit des Anspruches gesprochen wird. Eine sachliche Änderung gegenüber der bisherigen Rechtslage sei damit nicht verbunden, weil das Tatbestandsmerkmal der „Entstehung des

---

152 Für § 497 Abs. 3 S. 3 BGB dürfte es zusätzlich auch auf die Auslegung von § 488 Abs. BGB ankommen.

153 Näher oben unter B.II m.w.N.

154 BT-Drucks 14/6040 S. 3.

Anspruchs" in dem bisherigen § 198 Satz 1 ebenfalls im Sinne der Fälligkeit verstanden werde (unter Hinweis auf BGHZ 53, 222, 225; 55, 340, 341 f.; Palandt/Heinrichs, § 198 Rn. 1).[155]

2. Rückkehr zur Anknüpfung an die Entstehung des Anspruchs

Der Rechtsausschuss änderte die Regelung dann allerdings wieder dahin, dass der Beginn der regelmäßigen Verjährungsfrist nicht von der Fälligkeit, sondern weiterhin von dem Entstehen des Anspruchs abhängt. So sollte das mit dem Entwurf Gewollte zielsicherer erreicht werden. Der bisher in § 198 Satz 1 verwandte Begriff der Entstehung des Anspruchs sei zwar gleichbedeutend mit der Fälligkeit des Anspruchs. Für die künftig auch der regelmäßigen Verjährungsfrist unterfallenden deliktischen Ansprüche sei aber zweifelhaft, ob die Rechtsprechung zum Grundsatz der Schadenseinheit, die der Entwurf unangetastet lassen möchte, fortgesetzt werden könne. Wenn jemand heute körperlich geschädigt werde, lasse sich sagen, dass sein Anspruch auf Ersatz jener Heilungskosten, die in 5 Jahren anfallen werden, schon heute „entstanden" ist; als fällig könne er dagegen wohl nicht bezeichnet werden. Wenn jene Schäden zwar vorhersehbar seien, in ihrer konkreten Ausprägung aber noch nicht feststünden, können sie nicht mit der - mit dem Begriff der Fälligkeit untrennbar verbundenen - Leistungsklage verfolgt werden, sondern allein mit der Feststellungsklage. Daher erscheine es angezeigt, generell wieder zu dem Begriff der Entstehung des Anspruchs zurückzukehren.[156]

Das im Anschluss verabschiedete Gesetz knüpft bekanntlich nach seinem Wortlaut den Beginn der Verjährung wieder an die Entstehung des Anspruchs und nicht - wie noch im Entwurf vorgeschlagen - an die Fälligkeit.

3. Wille des Gesetzgebers zur Auslegung des Begriffs der Entstehung des Anspruchs

Der Gesetzgeber hat sich also einerseits gegen eine Änderung des Wortlauts entschieden, die den Verjährungsbeginn an die Fälligkeit knüpft. Andererseits lässt sich der Beschlussempfehlung des Rechtsausschusses entnehmen, dass der Begriff der Entstehung des Anspruchs als weitgehend gleichbedeutend mit der Fälligkeit des Anspruchs verstanden wurde. Dies könnte als Ausdruck der Übernahme der bis dahin ganz überwiegend vertretenen Auffassung zur Auslegung

155 BT-Drucks 14/6040 S. 108.

156 BT-Drucks 14/7052 Seite 108; kritisch *Piekenbrock*, S. 322 f.

der Entstehung des Anspruchs als Anknüpfungspunkt für den Beginn der Verjährung in den Regelungswillen des Gesetzgebers verstanden werden.[157] Im Wortlaut der gesetzlichen Regelung des Verjährungsbeginns selbst fand dies jedoch bewusst keinen Niederschlag. Fraglich ist, ob Änderungen des Gesetzeswortlauts an anderen Stellen diesen Willen eindeutig zum Ausdruck bringen.

a. Aufhebung des § 201 S. 2 a.F.

§ 201 a.F. enthielt eine Sonderregelung für die kurze Verjährung, die einerseits an den Schluss eines Jahres anknüpfte und andererseits den Verjährungsbeginn ausdrücklich von der Fälligkeit abhängig machte.

Die Aufhebung des § 201 a.F. im Rahmen der Schuldrechtsreform wurde damit begründet, dass ein Verjährungsbeginn jeweils erst zum Schluss des Jahres (sog. Ultimo-Prinzip[158]) generell fragwürdig, als Ausnahme nur für die von dieser Regelung betroffenen Ansprüche aber jedenfalls nicht gerechtfertigt sei.[159]

Bemerkenswert daran ist zunächst, dass gerade dieses Ultimoprinzip wenig später als grundsätzliche Regelung für den Beginn der regelmäßigen Verjährungsfrist eingeführt wurde.[160]

Eine besondere Begründung der Aufhebung der ausdrücklichen Anknüpfung des Verjährungsbeginns an die Fälligkeit in § 201 S. 2 a.F. fehlt. Der Entwurf beabsichtigte zu dieser Zeit allerdings wie aufgezeigt (s. oben 1) noch, den Verjährungsbeginn ausdrücklich und allgemein an die Fälligkeit anzuknüpfen,[161] so dass es in dieser Fassung des Gesetzes in der Tat auf die Regelung des § 201 S. 2 a.F. nicht weiter ankam. Offenbar war die Sonderregelung in § 201 S. 2 a.F. bereits aus dem Blick geraten, als der Rechtsausschuss von der ausdrücklichen Anknüpfung des Verjährungsbeginns an die Fälligkeit wieder abrückte, diese wieder durch die Entstehung des Anspruchs ersetzte (vgl. dazu oben 2) und generell das Ultimoprinzip einführte. Solche Vermutungen können aber dahinstehen: Die Aufhebung einer Sonderregelung, die die Verjährung ausnahmsweise nicht an die Entstehung, sondern an die Fälligkeit des Anspruchs knüpft, spricht

157 Vgl. *Heinrichs*, BB, 2001, 1417, 1418, der den Entwurf so versteht, dass es damit grundsätzlich bei der Fälligkeit als Voraussetzung der Entstehung des Anspruchs bleiben soll.

158 Danach beginnt die regelmäßige Verjährung erst mit dem Schluss des Jahres, in dem die Voraussetzungen des Verjährungsbeginns eintraten, vgl. *Wertenbruch*, § 36 Rn. 11.

159 BT-Drucks 14/6040 S. 99.

160 BT-Drucks 14/7052 S. 180.

161 Vgl. bereits oben E.III.1.

jedenfalls nicht gegen den Grundsatz, dass es für die Entstehung des Anspruchs auf dessen Fälligkeit nicht ankommt, sondern bestärkt diesen vielmehr.

b. Änderung des § 202 a.F.

Im Rahmen der Schuldrechtsreform wurde auch § 202 a.F. geändert. Diese Vorschrift regelt die Hemmung beim Vorliegen eines Leistungsverweigerungsrechts. In der Begründung heißt es, die anfängliche Stundung führe nach der überzeugenden Auffassung von *Peters/Zimmermann* (S. 253) zu den gleichen Ergebnissen wie ein von vornherein vereinbarter späterer Fälligkeitstermin,[162] so dass der bisherige § 202 neben dem bisherigen § 198 Satz 1 keine selbständige Bedeutung habe.[163] Diese Begründung knüpft an die Fälligkeit als Voraussetzung der Entstehung des Anspruchs an. Sie wurde formuliert, als die Regelung über den Beginn der Verjährung des Entwurfs noch ausdrücklich die Fälligkeit (und nicht nur die Entstehung) voraussetzte.[164] Nach Änderung der Regelung über den Beginn der Verjährung erfolgte keine erneute Befassung mit der Änderung des § 202 a.F.

4. Zwischenergebnis

Die Ausführungen des Rechtsausschusses zeigen, dass dieser den Unterschied zwischen dem Zeitpunkt der Entstehung einer Forderung und ihrer Fälligkeit erkannt hat. Gerade diesem Unterschied wollte er durch die Änderung der Formulierung hin zu der bisherigen Fassung zur Geltung verhelfen, und zwar obwohl er der Auffassung war, dass auch der bislang verwandte Begriff der Entstehung im Sinne von Fälligkeit verstanden wird. Tatsächlich wird und wurde der Begriff der Entstehung des Anspruchs nämlich nur grundsätzlich, aber eben nicht stets mit der Fälligkeit gleichgesetzt. Ein Verjährungsbeginn vor Fälligkeit insbesondere nach dem Grundsatz der Schadenseinheit sollte möglich bleiben. Fest steht damit, dass die Fassung des Gesetzes eine Auslegung, nach der die Verjährung unabhängig von der Fälligkeit beginnt, nicht ausschließt. Gerade zu diesem Zweck wurde die Fälligkeit ja letztlich doch nicht in den Wortlaut des Gesetzes übernommen.

Es ist deshalb verkürzt zu sagen, der Gesetzgeber habe Entstehung und Fälligkeit synonym verwandt und den Beginn der Verjährung von der Fälligkeit

162 Zu den unterschiedlichen Wirkungen von Stundung und Fälligkeitsverschiebung vgl. *Roth*, § 18 III.

163 BT-Drucks 14/6040 S. 118.

164 BT-Drucks 14/6040 S. 108.

abhängig machen wollen. Wäre der Gesetzgeber tatsächlich davon ausgegangen, dass Fälligkeit und Entstehung identische Begriffe sind, hätte er den Text des Entwurfs und damit die ausdrückliche Anknüpfung an die Fälligkeit beibehalten.

Andererseits billigt der Rechtsausschuss die Auslegung des Merkmals Entstehung als regelmäßig mit der Fälligkeit gleichbedeutend. In dieser Äußerung des Rechtsausschusses liegt ein Indiz, dass auch der Gesetzgeber einen entsprechenden Willen gehabt haben könnte.[165]

5. Die Bedeutung des Willens des Gesetzgebers für die Auslegung

Fraglich könnte sein, ob der Gesetzgeber - indem der Rechtsausschuss die Auslegung des Begriffs der Entstehung als grundsätzlich von der Fälligkeit abhängig billigte - andere Verjährungskonstruktionen ausschließen wollte. Ein solcher Wille ist zwar nicht ausdrücklich erklärt. Inwieweit sich der Gesetzgeber mit abweichenden Konstruktionen der Verjährung auseinandergesetzt hat ist nicht ersichtlich.[166] Die Gesetzesbegründung bringt aber immerhin zum Ausdruck, dass der Rechtsausschuss annahm, die Entstehung des Anspruchs setze grundsätzlich (wenn auch nicht stets) die Fälligkeit voraus. Versteht man deshalb den Willen des Gesetzgebers mit der überwiegend vertretenen Auffassung so, dass Entstehung des Anspruchs grundsätzlich dessen Fälligkeit verlangt, fragt es sich, ob eine Auslegung, die auf die Fälligkeit als Voraussetzung der Entstehung des Anspruchs verzichtet, überhaupt zulässig sein kann. Damit stellt sich die Frage nach der Bedeutung des Willens des Gesetzgebers für die Auslegung. Das BVerfG hat dazu Folgendes entschieden:[167] *„Maßgebend für die Auslegung einer Gesetzesbestimmung ist der in dieser zum Ausdruck kommende objektivierte Wille des Gesetzgebers, so wie er sich aus dem Wortlaut der Gesetzesbestimmung und dem Sinnzusammenhang ergibt, in den diese hineingestellt ist. Nicht entscheidend ist dagegen die subjektive Vorstellung der am Gesetzgebungsverfahren beteiligten Organe oder einzelner ihrer Mitglieder über die Bedeutung der Bestimmung. Der Entstehungsgeschichte einer Vorschrift kommt für deren Auslegung nur insofern Bedeutung zu, als sie die Richtigkeit einer nach den angegebenen Grundsätzen erhaltenen Auslegung bestätigt oder Zweifel behebt, die auf dem angegebenen Weg allein nicht ausgeräumt werden können.“*

---

165 Larenz/*Canaris*, Methodenlehre der Rechtswissenschaft, Kapitel 4 2. f. Nr. 4.

166 Vgl. aber zur intensiven damaligen Reformdiskussion *Mansel*, S. 333 ff.

167 BVerfG, Urteil vom 21.05.1952 - 2 BvH 2/52 - BVerfGE 1, 299.

Die Begründung des Gesetzes gibt lediglich die subjektive Vorstellung der am Gesetzgebungsverfahren beteiligten Organe wieder. Mit der Streichung des Begriffs der Fälligkeit als ausdrückliche Voraussetzung des Beginns der Verjährung und Anknüpfung allein an die Entstehung des Anspruchs hat sich diese subjektive Vorstellung im Gesetz auch gerade nicht objektiviert. Den durch die Gesetzesbegründung entstehenden Zweifeln kann vielmehr mit dem Wortlaut und der Systematik des Gesetzes begegnet werden. Aus der Gesetzesbegründung ist auch nicht erkennbar, dass von dem Grundsatz abgewichen werden sollte, im allgemeinen Teil die begrifflichen Grundlagen für die folgenden Regelungen zu legen, noch, dass bei der Fassung des § 199 Abs. 1 Nr. 1 bewusst ein anderer Begriff der Anspruchsentstehung als in den allermeisten der folgenden Vorschriften des BGB verwendet werden sollte.

Die Bedeutung der subjektiven Vorstellung der am Gesetzgebungsverfahren beteiligten Organe würde noch zusätzlich geschwächt, wenn diese mit der allgemeinen Auffassung von einem falschen Ausgangspunkt ausgingen. Deshalb und weil die Auffassung des Rechtsausschusses maßgeblich darauf Bezug nimmt, soll die Auslegung vor der Schuldrechtsreform in die Betrachtung einbezogen werden.

IV. Rechtslage vor der Schuldrechtsreform

Vielfach wird darauf verwiesen, historisch seien die Begriffe „Entstehung des Anspruchs“ und „Fälligkeit“ - abgesehen von den Besonderheiten nach dem Grundsatz der Schadenseinheit[168] - im Zusammenhang mit der Verjährungsregelung synonym verwendet worden.[169] Auf der Annahme, dass mit Entstehung des Anspruchs in der Sache seine Fälligkeit gemeint war, basiert sowohl die heutige allgemeine Auffassung als auch die Gesetzesbegründung im Rahmen der Schuldrechtsreform. Nach wie vor relevant ist daher, welche Auffassungen und Argumente zu dieser Frage vor der Schuldrechtsreform vertreten wurden.

1. Gesetzliche Regelung vor der Schuldrechtsreform

Bis zur Schuldrechtsreform fand sich die Grundregel für den Beginn der Verjährung in § 198 a.F. Sie lautete:

---

168 Vgl. dazu *Schmidt-Räntsch* in Erman, § 199 Rn. 23; *Grothe* in MüKo, BGB, § 199 Rn. 4.
169 Vgl. Prot I 210; BT-Drucks 14/6040 S. 3, 108; 14/7052, 180.

„Die Verjährung beginnt mit der Entstehung des Anspruchs. Geht der Anspruch auf ein Unterlassen, so beginnt der Verjährung mit der Zuwiderhandlung."

Fälligkeit war also jedenfalls keine ausdrückliche Voraussetzung des Verjährungsbeginns. Für die Frage, ob Fälligkeit Voraussetzung der Entstehung des Anspruchs und damit mittelbare Voraussetzung des Verjährungsbeginns war, ist dieser Regelung kein ausdrücklicher Anhaltspunkt zu entnehmen.

§§ 199 und 200 a.F. enthielten Sonderregelungen für den Fall der Kündigung bzw. der Anfechtung.

Der bereits erwähnte § 201 a.F. regelte den Verjährungsbeginn der kurzen Verjährung gesondert wie folgt:

„Die Verjährung der in den §§ 196, 197 bezeichneten Ansprüche beginnt mit dem Schlusse des Jahres, in welchem der nach den §§ 198 bis 200 maßgebende Zeitpunkt eintritt. Kann die Leistung erst nach dem Ablauf einer über diesen Zeitpunkt hinausreichenden Frist verlangt werden, so beginnt die Verjährung mit dem Schlusse des Jahres, in welchem die Frist abläuft."

Danach sollte die kurze Verjährung also ebenso wie die regelmäßige Verjährung mit Entstehung des Anspruchs beginnen, es sei denn, die Leistung kann erst nach dem Ablauf einer über den Entstehungszeitpunkt hinausreichenden Frist verlangt werden. Diese Ausnahmeregelung beschreibt gerade einen Fall der fehlenden Fälligkeit. Diese Regelung in § 201 Satz 2 a.F. geht also offensichtlich davon aus, dass die Fälligkeit nicht bereits Voraussetzung der Entstehung des Anspruchs ist.

§ 202 a.F. regelte die Hemmung sodann wie folgt:

„Die Verjährung ist gehemmt, solange die Leistung gestundet oder der Verpflichtete aus einem anderen Grunde vorübergehend zur Verweigerung der Leistung berechtigt ist. Diese Vorschrift findet keine Anwendung auf die Einrede des Zurückbehaltungsrechts, des nicht erfüllten Vertrags, der mangelnden Sicherheitsleistung, der Vorausklage sowie auf die nach § 770 dem Bürgen und nach den §§ 2014, 2015 dem Erben zustehenden Einreden."

Die Regelung begründet – von einigen ausdrücklich genannten Ausnahmen abgesehen – eine Hemmung der Verjährung für alle Leistungsverweigerungsrechte. Davon ist offenbar auch die fehlende Fälligkeit erfasst.

Es folgten weitere Hemmungsgründe in den §§ 203 ff. a.F.

2. Rechtsprechung

Die Schuldrechtsreform hat hinsichtlich der Frage, wann ein Anspruch im Sinne des Verjährungsrechts entstanden ist, keine Änderung der Rechtsprechung bewirkt.

a. Bundesgerichtshof

Die Rechtsprechung des Bundesgerichtshofs wurde bereits oben unter B.I dargestellt, worauf hier zur Vermeidung von Wiederholungen verwiesen werden kann. Danach kommt es für die Entstehung des Anspruchs grundsätzlich (Ausnahme: Grundsatz der Schadenseinheit) auf dessen Klagbarkeit und damit Fälligkeit an. Das wird auf die Erwägung gestützt, dass zu Lasten des Berechtigten die Verjährungsfrist nicht beginnen könne, solange er nicht in der Lage ist, den Anspruch geltend zu machen und gegebenenfalls eine bereits laufende Verjährung durch Klageerhebung zu unterbrechen.[170] Eine weitere Begründung erfolgt nicht.

Soweit ersichtlich hat der Bundesgerichtshof nur im Versicherungsrecht Zweifel an dieser Auslegung geäußert: In mehreren Entscheidungen, in denen es wegen § 12 Abs. 1 VVG auf die Fälligkeit ankam, findet sich der bemerkenswerte Hinweis, dass dies von der Regel des § 198 BGB a.F. abweiche.[171]

b. Reichsgericht

Über den Zeitpunkt des Verjährungsbeginns mit Entstehung des Anspruchs hatte das Reichsgericht für das Kaufrecht zu entscheiden.[172] Zweifelhaft war, wie sich eine noch ausstehende Lieferung auf den Verjährungsbeginn auswirkt. Das Reichsgericht stellt zunächst fest, dass der Kaufvertrag ein Konsensualvertrag sei, und die Kaufpreisforderung deshalb mit Abschluss des Kaufvertrages entstehe und grundsätzlich auch zu verjähren beginne (den Begriff der Entstehung des Anspruchs definiert das Reichsgericht dabei nicht). Etwas anderes gelte aber dann, wenn der Anspruch auf den Kaufpreis gestundet sei oder der Käufer aus einem anderen Grunde vorübergehend zur Verweigerung der Zahlung des Kaufpreises berechtigt sei (§ 202 Abs. 1 a.F., vgl. dazu § 205 n.F.). Diese - im Übrigen die Hemmung betreffende - Regelung galt damals (vgl. § 202 Abs. 2 a.F.) nicht für die Einrede, dass der Verkäufer seine Leistung noch nicht erfüllt, nämlich den verkauften Gegenstand noch nicht geliefert hat.[173] Die Kaufpreisforderung

---

170 BGH, Urteil vom 17.02.1971 – VIII ZR 4/70 Rn. 5 = BGHZ 55, 340 = NJW 1971, 979.

171 BGH, Urteil vom 19.01.1994 – IV ZR 117/93 = NJW-RR 1994, 410, 411; BGH, Urteil vom 4.11.1987 – IVa ZR 141/86 juris Rn. 9 m.w.N.; BGH, Urteil vom 10.05.1983 – IV a ZR 74/81 = NJW 1983, 2882.

172 RG, Urteil vom 15.12.1905 – VII 120/05 = RGZ 62, 178, 179 f.

173 *Hölder,* Das Recht 1906, 279 meint demgegenüber, die kurze Verjährung des § 196 a.F. für die Gegenleistung beginne erst mit Erbringung der Leistung; vgl. auch *ders.*, Das Recht, 1906, 363 f. mit einer kritischen Anmerkung zu dem Urteil des RG vom 15.12.1905 – VII 120/05.

beginne daher – so das Reichsgericht - mit ihrer Entstehung zu verjähren, ohne Rücksicht darauf, ob geliefert ist, oder nicht. Das Gericht führt weiter aus: Nach preußischen Recht sei die Rechtslage nicht wesentlich anders gewesen. Nach § 5 Ziff. 3 des Gesetzes vom 31. März 1838 begann die Verjährung mit Schluss des Jahres, in welchem die Kaufpreisforderung „entstanden“ war. Wenn § 545 ALR I 9 den Anfang der Verjährung an den Zeitpunkt knüpfte, mit welchem die Erfüllung der Verbindlichkeit, also beim Kaufvertrag die Zahlung des Kaufpreises, zuerst gefordert werden konnte, so hinderte der Umstand, dass der Verkäufer selbst nicht erfüllt hatte, und der Käufer nur Zug um Zug zu zahlen brauchte, den Eintritt der Verjährung jedenfalls dann nicht, wenn es in der Hand des Verkäufers lag, seinerseits zu erfüllen.

In einem Fall, in dem es wegen einer Genehmigung darauf ankam, ob deren Rückwirkung auch eine rückwirkende Anknüpfung der Verjährung zur Folge hat, ging das Reichsgericht davon aus, dass die Verjährung mit der Entstehung des Anspruchs voraussetzt, dass der Anspruch geltend gemacht werden könne. Dass setze aber die Genehmigung voraus und komme daher trotz der Rückwirkung erst ab ihrer Erteilung in Betracht.[174]

In den Entscheidungen der Rechtsprechung, wonach es für die Entstehung des Anspruchs auf dessen Fälligkeit ankomme, tauchen immer wieder Verweise[175] auf eine Entscheidung des Reichsgerichts kurz nach Einführung des BGB auf.[176] In dieser Entscheidung kam es für den Beginn der Verjährung tatsächlich auf die Fälligkeit an. Das Gericht entschied aber nicht, dass die Fälligkeit Voraussetzung der Entstehung des Anspruchs ist. Die Beklagte berief sich in diesem Fall auf Verjährung der eingeklagten Werklohnforderung. Nach der vom Gericht zugrunde gelegten Vertragsauslegung sollte diese erst fällig werden, nachdem die Schlussrechnungsprüfung des Bestellers vom Unternehmer anerkannt worden ist. Die Schlussrechnung wurde im Jahr 1906 gestellt und im Dezember 1906 geprüft, das Prüfergebnis aber bis zum Schluss desselben Jahres vom Unternehmer nicht mehr anerkannt. Soweit der Verjährungsbeginn gleichwohl noch ins Jahr 1906 fiel, wäre die Forderung verjährt. Eine Verjährung verneint das Gericht. Es führt dazu aus:

---

174 RG, Urteil vom 28.02.1907 – V 282/06 = RGZ 65, 245, 248.

175 BGH, Urteil vom 17.02.1971 – VIII ZR 4/70 juris Rn. 5 = BGH 55, 340; vgl. auch *Grothe* in MüKo, BGB, 7. Auflage 2015, § 199 Rn. 16 Fn. 80; mit anderem Aufhänger ferner BGH, Urteil vom 19.01.1978 – VII ZR 304/75; *Johannsen* in RGRK, BGB, § 198 Rn. 2.

176 RG, Urteil vom 27.10.1911 – VII 197/11 = JW 1912, 29 Nr. 12.

> *„Entscheidend ist aber für den Beginn der Verjährung, nachdem der Standpunkt des I. Entwurfs eines BGB. - § 158 Abs. 3 -, nach welchem der Zeitpunkt bestimmend sein sollte, in welchem der Anspruch zur Entstehung gebracht werden konnte, von der II. Kommission aufgegeben ist, nach jetzt geltendem Recht die Zeit, in der der Anspruch wirklich entstanden ist."*

Sodann stellt das Gericht fest, dass vorliegend keine Verpflichtung zum Anerkenntnis noch im Jahr 1906 bestanden habe. Und weiter:

> *„Dann beschwert aber auch die Annahme des angefochtenen Urteils, dass die Klägerin ohne schuldhafte Verzögerung die Erklärung über das Abrechnungsergebnis bis zum Jahre 1907 hinausschieben, sich dann aber erklären musste, die Beklagte nicht. Es scheiden dann nur die wenigen Tage des Dezember 1906 aus, und dass die Verjährung erst mit dem Schlusse des Jahres 1907 begann, folgt aus der Vorschrift des § 201. Zu dem von der Beklagten gewollten Ergebnisse wäre nur bei der Annahme zu gelangen, dass der Anspruch ohne weiteres Zutun der Forderungsberechtigten schon mit Ablauf der Frist entstanden sei."*

Daran ist Verschiedenes bemerkenswert. Auffallend ist zunächst, dass das Gericht kein einziges Argument dafür benennt, warum die Entstehung des Anspruchs von der Fälligkeit abhängen soll. Das Gericht setzt sich überhaupt nicht mit der seinerzeit in der Literatur bereits intensiv diskutierten Streitfrage[177] und den dazu vorgebrachten Argumenten auseinander. Dagegen sieht es sich aber veranlasst, die Entstehungsgeschichte des Gesetzes zu der Frage zu zitieren, warum nicht ein vor der Entstehung liegender Zeitpunkt, zu dem der Anspruch hätte zur Entstehung gebracht werden können, relevant sein kann. Das alles ist nur erklärlich, wenn das Gericht die Streitfrage weder entscheiden musste noch wollte. Tatsächlich kam es für die Entscheidung auch gar nicht auf die Frage an, ob für die Entstehung des Anspruchs i.S.d. § 198 a.F. Fälligkeit Voraussetzung ist oder nicht. Es folgt bereits aus der nach der Entscheidung des Reichsgerichts auf den Fall anwendbaren Regelung des § 201 Abs. 1 Satz 2 a.F., dass der Verjährungsbeginn (nicht aber die Entstehung des Anspruchs) von der Fälligkeit abhängt. Die Regelung lautete: *„Kann die Leistung erst nach dem Ablauf einer über diesen Zeitpunkt hinausreichenden Frist verlangt werden, so beginnt die Verjährung mit dem Schlusse des Jahres, in welchem die Frist abläuft."* Damit ist diese Entscheidung als Begründung für die Auffassung, die Entstehung des Anspruchs setze dessen Fälligkeit voraus, ungeeignet.

Zu der gesetzlichen Hemmung des § 202 Abs. 1 a.F. solange der Verpflichtete vorübergehend zur Verweigerung der Leistung berechtigt ist, hat das Reichsgericht entschieden, dass damit alle Fälle erfasst werden sollten, *„in denen der*

---

177 Vgl. dazu sogleich unter E.IV.3.

Geltendmachung des an und für sich fortbestehenden Anspruchs ein rechtliches Hindernis entgegensteht.“[178]

Die Frage, ob die Unzulässigkeit einer Leistungsklage das Bestehen eines (Schadensersatz-) Anspruchs ausschließt und damit den Beginn der Verjährung hindere, hat das Reichsgericht verneint.[179] Die §§ 194, 198 a.F. „*verlangen keineswegs, dass die Voraussetzungen zur Erhebung einer Leistungsklage gegeben sein müssten, damit die Verjährung beginnen könne.*“ Die Klage auf Feststellung des Bestehens eines Rechtsverhältnisses gem. § 256 ZPO habe das Bestehen eines Anspruchs zur materiellen Unterlage. Es müsse gegebenenfalls Feststellungsklage erhoben werden, wenn eine Leistungsklage nicht möglich ist.

Das Reichsgericht hat entschieden, dass nach § 202 a.F. die Verjährung gehemmt ist, „solange der Verpflichtete vorübergehend zur Verweigerung der Leistung berechtigt ist, solange ihm also eine verzögerliche Einrede zur Seite steht.“ Davon sei in dem zu entscheidenden Fall keine Rede: „*Der Ersatzpflichtige enthält kein materielles Recht, die Forderung abzulehnen. Die Fälligkeit des Anspruchs wird nicht hinausgeschoben.*“[180] Das Gericht kommt deshalb zum dem Schluss, dass die Voraussetzungen der Hemmung nicht eingreifen.

In diesem Urteil hat das Reichsgericht über den Anwendungsbereich des § 201 Satz 2 a.F. entschieden. Nachdem es ausführlich zu den Grundgedanken der Verjährung Stellung genommen hat,[181] folgert es daraus, dass man das Anwendungsgebiet der Hemmung möglichst eng begrenzen müsse und jedenfalls nicht auf den Fall der Rechtsunsicherheit ausdehnen könne.[182] Im Folgenden stellt es zu § 201 Satz 2 a.F. fest, dass es für dessen Anwendbarkeit keinen Unterschied macht, ob der Lauf der Verjährung schon vor dem Eintritt des Hemmungsgrundes begonnen hatte oder nicht.[183] Das Reichsgericht hält es also offenbar für denkbar, dass ein Hemmungstatbestand zu einem Zeitpunkt in Betracht kommt, zu dem der Anspruch noch nicht entstanden ist. Jedenfalls begründe die Aussichtslosigkeit einer Klage keinen Tatbestand, der mit einer Frist i.S.d. § 201 Satz 2 BGB gleichzusetzen ist. Dies folge schon aus der unbestimmten Dauer.[184] Dem Urteil ist also nicht zu entnehmen, dass das Reichsgericht § 201 Satz 2 a.F. auch

178 RG, Urteil vom 14.10.1912 – IV 141/12 = RGZ 80, 212, 216.
179 RG, Urteil vom 11.12.1913 – II 505/13 = RGZ 83, 254, 358.
180 RG, Urteil vom 23.03.1914 – VI 578/13 = RGZ 84, 309, 313.
181 RG, Urteil vom 08.06.1928 –III 426/27 = RGZ 120, 355, 358 f.
182 RGZ 120, 355, 359 ff.
183 RGZ 120, 355, 362.
184 RGZ 120, 355, 362 f.

in Fällen außerhalb seines eigentlichen Anwendungsbereichs zur Begründung der Auffassung anwenden wollte, dass die Verjährung erst mit der Fälligkeit eines Anspruchs beginnt.[185]

3. Literatur[186]

Schon kurz nach Inkrafttreten des BGB entbrannte eine Diskussion über die Frage, wann ein Anspruch im Sinne des § 198 entstanden sei.[187] Vertreten wurden im Wesentlichen zwei Auffassungen: Der Anspruch entsteht, sobald das Gläubigerrecht begründet ist,[188] und somit geltend gemacht werden kann[189] oder er ist erst dann entstanden, wenn er fällig ist und eingeklagt werden kann.[190]

a. Entstehung bereits mit Verwirklichung des Tatbestands

Eine durchaus beachtliche[191] Anzahl von Autoren in der Literatur vertrat die Auffassung, Voraussetzung der Entstehung eines Anspruchs sei es nicht, dass Befriedigung verlangt werden könne, sondern es genüge die Entstehung des Gläubigerrechts.[192] Insbesondere sei der Anspruch auch bereits vor Fälligkeit

185 Das Zitat dieser Entscheidung durch *Hefermehl* in Erman, BGB, 9. Auflage, § 198 Rn. 1 ist insofern etwas missverständlich.

186 Es soll hier nicht der Versuch unternommen werden, die gesamte Literatur zum Verjährungsbeginn aus den mehr als 100 Jahren von der Einführung des BGB bis zur Schuldrechtsreform anzuführen. Deshalb beschränken sich die folgenden Ausführungen auf einige ausgewählte Werke. Besonderes Augenmerk wird dabei auf von der heute allgemeinen Meinung abweichende Auffassungen gelegt.

187 Vgl. *Schröter*, Der Beginn der Anspruchsverjährung, namentlich im Falle des § 196 BGB, Leipzig 1913, S. 1: „Wann aber ein Anspruch entstanden ist, dürfte als eine der bestrittensten Fragen des Bürgerlichen Gesetzbuchs anzusehen sein."; *Langheineken*, S. 21 m.w.N.

188 *Rehbein*, S. 303 II 2.

189 *Liman*, S. 15.

190 *Hölder*, BGB, § 198 Anm. 1; *Dernburg*, § 175 S. 577 ff.; *Biermann*, S. 358, 3 und Fn. 16 (der aber ausdrücklich anerkennt, dass auch der nicht fällige Anspruch bereits entstanden ist); *Meisner*, zu § 198; *Enneccerus*, Lehrbuch des bürgerlichen Rechts, von Enneccerus, Kipp und Wolff, Band 1, 1. Abteilung, 4./5. Auflage, Marburg 1909, § 213; *v. Tuhr*, § 91 IV; *Riezler* in *Staudinger* § 198 Anm.2.3c.

191 *v. Tuhr*, § 91 IV bezeichnet diese Auffassung – obwohl selbst anderer Meinung – in Fn. 25 sogar als herrschend.

192 *Rehbein*, Seite 303 II 2; *Planck*, BGB, § 198 Anm. 1; *Achilles/Greiff*, Anm. zu § 198; zuletzt *Unterrieder*, S. 357; a.A. *Liman*, S. 15 f., für den es darauf ankommt, ob der

entstanden, so dass die Verjährung (von einer Hemmung abgesehen) grundsätzlich unabhängig von der Fälligkeit beginnt.[193] Bis zur Fälligkeit sei der Lauf der Verjährung aber gem. § 202 a. F. gehemmt.[194] Der Auslegung, nach der die Entstehung des Anspruchs dessen Fälligkeit voraussetzt, wurde auch noch bis kurz vor der Schuldrechtsreform ausdrücklich vorgeworfen, sie decke sich nicht hinreichend mit dem Wortlaut der Regelung.[195]

Der Anknüpfung des Verjährungsbeginns an die Fälligkeit des Anspruchs wurde weiter vorgeworfen, sie führe je nachdem, ob die Fälligkeit einer Forderung von einer Rechnungsstellung abhängt oder nicht zu wenig befriedigenden unterschiedlichen Ergebnissen.[196] Vereinbaren die Parteien, dass die Fälligkeit eines Anspruchs von einer Rechnung abhängt, beginne die Verjährung erst, nachdem der Berechtigte die Rechnung erteilt hat; auf den Zeitpunkt, in dem sie hätte erteilt werden können, komme es nicht an. Auch wenn die Rechnung zehn Jahre nach Lieferung ausgestellt wird, kann sich der Schuldner allenfalls auf Verwirkung, nicht aber auf Verjährung berufen. Die Verjährung habe ja nicht einmal begonnen. Wenn die Rechnungserteilung hingegen nicht Fälligkeitsvoraussetzung, sondern (nur) eine Verpflichtung des Berechtigten ist, hindere das Fehlen einer Rechnung den Verjährungsbeginn hingegen nicht.[197]

b. Entstehung mit Klagemöglichkeit bzw. Fälligkeit

Die abweichende und heute einhellig vertretene Auffassung hat folgenden Ausgangspunkt:

Anspruch rechtlich geltend gemacht werden kann, der aber gleichwohl keine Klagbarkeit und keine Fälligkeit verlangt.

193 *Planck*, BGB, § 198 Anm. 1; *Goldmann-Lilienthal*, § 62 Anm. II zu § 198; *Langheineken*, S. 173; *Liman*, S. 15; *Jahr*, Die Einrede des bürgerlichen Rechts, JuS 1964, 294.

194 *Jahr*, Die Einrede des bürgerlichen Rechts, JuS 1964, 294; *Planck*, BGB, § 198 Anm. 1 verweist für die Stundung auf §§ 202, 205 BGB (dazu *Planck*, BGB, § 202 Anm. 1); *Liman*, S. 15 meint wegen der regelmäßig eingreifenden Hemmung sogar, es sei von geringer Bedeutung, ob man Fälligkeit für die Entstehung des Anspruchs verlange oder nicht.

195 *Peters/Zimmermann*, Gutachten, S. 245; *Unterrieder*, S. 301 ff.

196 *Heinrichs* NJW 1982, 2021; kritisch auch *Panier*, Schadenseinheit, S. 145 ff., insbesondere S. 150 (Erfüllbarkeit statt Fälligkeit erwägend).

197 Weiter heißt es aaO.: „Diese unterschiedliche Behandlung von weitgehend gleichliegenden Fällen ist de lege lata unvermeidlich. Sie ist aber so wenig überzeugend, dass sie bei einer Neuordnung des Verjährungsrechts beseitigt werden sollte.“

Entstanden ist ein Anspruch, sobald er vom Gläubiger - notfalls gerichtlich - geltend gemacht werden kann. Dieser Zeitpunkt sei grundsätzlich gleichzusetzen mit dem der Fälligkeit.[198]

Davon ausgehend ergeben sich Abweichungen im Detail: Für die gerichtliche Geltendmachung wird überwiegend grundsätzlich die Möglichkeit der Erhebung einer Leistungsklage für erforderlich gehalten, in bestimmten Fällen genüge auch die Feststellungsklage[199] und/oder die Klage auf künftige Leistung[200].

Zur Begründung wird insbesondere Folgendes ausgeführt:

Der Regierungsentwurf (§ 158 Abs. 1 E 1) habe noch von Fälligkeit statt Entstehung des Anspruchs gesprochen, eine sachliche Änderung sei in der alleinigen Anknüpfung an die Entstehung des Anspruchs nicht begründet. Die ursprüngliche Formulierung sei zwar nicht Gesetz geworden, treffe aber das sachlich Richtige und werde deshalb wie geltendes Recht behandelt. Es komme daher (auch nach dem Willen des Gesetzgebers) nicht wirklich auf die Entstehung des Anspruchs an, sondern auf seine Fälligkeit.[201] Vereinbarungen zur Fälligkeit schöben daher auch den Verjährungsbeginn hinaus.[202]

---

198 *Biermann*, S. 358, 3 und Fn. 16 (der aber ausdrücklich anerkennt, dass auch der nicht fällige Anspruch bereits entstanden ist); *Cosack/Mitteis*, § 116 I 2 a, S. 117; *Endemann*, § 91 I, S. 389; *Meisner*, zu § 198; *Crome*, § 115, S. 509, § 116 Fn. 5; *Dernburg*, § 175 S. 577 ff.; *v. Tuhr*, § 91 IV (vgl. auch § 83 Fn. 25: Mit Fälligkeit werde aus der bloßen Forderung ein Anspruch); *Zachariae*, S. (31); *Kohler*, § 57 S. 178; *Hölder*, BGB, § 198 Anm. 1; *Peters/Zimmermann*, Gutachten, S. 245 m.w.N.; *Enneccerus/Nipperdey*, § 232 I 1 (der die Fälligkeit aber nicht aus begriffsnotwendige Voraussetzung des Anspruchs ansieht, vgl. § 222 II 4); *Kohl* in AK-BGB, § 198 Rn. 1; *Büdenbender*, JuS 1997, 481, 488; *v. Feldmann* in MüKo, BGB, 3. Auflage, § 198 Rdn. 1; *Heinrichs* in Palandt, BGB, 59. Auflage, § 198 Rn. 1; *Hefermehl* in Erman, BGB, 9. Auflage, § 198 Rn. 1 (maßgeblich sei die Fälligkeit, und zwar auch, wenn § 201 Satz 2 a.F. nicht eingreift); *Johannsen* in RGRK, § 198 Rn. 3; *Zimmermann*, JuS 1984, 409, 418; *Riezler* in Staudinger, 5./6. Auflage, § 198 Anm. 2; *Schröter*, S. 44 f.; *Klaucke*, S. 25, meint, sowohl dilatorische als auch peremptorische Einrede schlössen die Existenz eines Anspruchs aus.

199 *Niedenführ* in Soergel, BGB, § 198 Rn. 1 (soweit Leistungsklage nur mangels Bezifferbarkeit nicht möglich ist); *Schmidt-Räntsch* in Erman, § 199 Rn. 3 (aber nur für fällige Ansprüche); *Grothe* in MüKo, BGB, § 199 Rn. 4 (für Folgeschäden bei Schadensersatzansprüchen); vgl. auch *Johannsen* in RGRK, § 198 Rn. 2 (der die Feststellungsklage genügen lässt, aber in Rn. 3 gleichwohl Fälligkeit verlangt).

200 *Mansel* in Jauernig, BGB, § 199 Rn. 2; dagegen *Peters*, JZ 1983, 121, 122 und 125.

201 So ausdrücklich Medicus/Petersen, Rn. 108.

202 *Niedenführ* in Soergel, § 198 Rn. 1.

Es zeigt sich damit ein ganz ähnliches Begründungsmuster wie es auch nach der Schuldrechtsreform vertreten wird.

4. Wortsinn

§ 198 a.F. bietet nach seinem Wortsinn wie bereits aufgezeigt (vgl. oben 1) für die hier relevante Fragestellung keine zusätzlichen[203] Erkenntnisse. Der Wortlaut ist zwar nicht vollkommen identisch, ähnelt aber stark der heute geltenden Fassung.

§ 201 Satz 2 a.F. ordnet einen späteren Verjährungsbeginn für den Fall an, dass eine Leistung erst nach Ablauf einer Frist verlangt werden kann. Eine solche Regelung wäre überflüssig, wenn das ohnehin gelten würde, weil bereits die Entstehung des Anspruchs von der Fälligkeit und damit vom Fristablauf abhinge. Es ist nicht anzunehmen, dass der Gesetzgeber überflüssige Regelungen in das Gesetz aufgenommen hat. Die Regelung ist deshalb ein starkes Indiz gegen die Fälligkeit als Voraussetzung der Entstehung des Anspruchs.

§ 202 a.F. sieht eine Hemmung der Verjährung vor, falls ein Leistungsverweigerungsrecht gegeben ist. Auch das wäre in dieser Weite unnötig, wenn bereits die Entstehung des Anspruchs und damit der Verjährungsbeginn beim Vorliegen eines Leistungsverweigerungsrechts ausgeschlossen wäre. Einen Regelungsinhalt hätte § 202 a.F. dann nur für Leistungsverweigerungsrechte, die erst nach Entstehung des Anspruchs greifen. Eine solche Einschränkung ist aber jedenfalls dem Wortlaut des § 202 a.F. nicht zu entnehmen. Auch diese Regelung spricht daher gegen die Fälligkeit als Voraussetzung der Entstehung des Anspruchs.

5. Regelungszusammenhang

Aus dem Regelungszusammenhang sind wie bereits ausgeführt §§ 201 Abs. 1 Satz 2 und 202 a.F. hervorzuheben. Beide fügen sich nur dann bruchlos in das Verjährungsrecht ein, wenn die Entstehung des Anspruchs von Leistungsverweigerungsrechten, insbesondere der Fälligkeit, unberührt bleibt.

Abgesehen von Abschnitt 5 zur Verjährung galten die oben unter II behandelten Regelungen auch bereits vor der Schuldrechtsreform im wesentlichen unverändert – mit Ausnahme insbesondere der systematisch problematischen Regelungen in §§ 497, 563b und 650g.[204]

---

203 Vgl. aber bereits oben E.I.

204 Vgl. zu letzterer Regelung auch unten F.III.2.

6. Kurzüberblick zum Verjährungsrecht vor Einführung des BGB

Die Regelungen zur Verjährung im BGB sind in erheblichem Umfang geprägt durch das vor Einführung des BGB geltende Recht. Dieses hier im Einzelnen darzustellen, führt zu weit. Ein kurzer Überblick soll aber das Verständnis dessen erleichtern, was in den Materialien diskutiert wurde.

a. Klagenverjährung

Auch lange vor dem BGB gab es bereits die Institution der Verjährung, wenn auch noch als sog. Klagenverjährung.[205] Die erste allgemeine Verjährungsregelung aus dem Jahr 424 n. Chr. prägte das Recht bis zum BGB.[206] Unter Klagenverjährung verstand man das Erlöschen des Klagerechts durch Nichtausübung innerhalb der Verjährungsfrist.[207] Weitgehende Einigkeit bestand offenbar, dass die Klagenverjährung beginnt, sobald die actio nata, d.h. eine Klagemöglichkeit, entstanden war.[208]

Ab wann eine Klagemöglichkeit bestand, war umstritten:[209] Eine Auffassung, die sog. Rechtsverletzungstheorie, knüpfte die Klagemöglichkeit grundsätzlich an zwei Bedingungen, nämlich erstens ein wirkliches, gegenwärtiges, verfolgbares Recht und zweitens die Verletzung dieses Rechts.[210] Die Gegenauffassung meinte, die Klagemöglichkeit bestehe schon, sobald ein Recht da sei, auf dessen Verletzung komme es nicht an.[211] Der Streit und seine Einzelheiten können

---

205 *Windscheid/Kipp*, Pandekten I, § 106; Zur Geschichte der Klageverjährung vgl. *Friedrich Carl von Savigny*, System des heutigen römischen Rechts, Band 5, Berlin 1841, Seite 273 ff.; *Dernburg*, Pandekten, § 144.; *Hermann* in HKK, BGB, 1. Auflage 2003, §§ 194-225 Rn. 7 ff. m.w.N.

206 *Hermann*, in: HKK, BGB, §§ 194-225, Rn. 7; *Windscheid/Kipp*, Pandekten I, § 106 Fn. 2; *Coing*, Bd. I, § 32, 183-189 und Bd. II, § 45, 280-283.

207 *Dernburg*, Pandekten, Seite 334.

208 *Friedrich Carl von Savigny*, System des heutigen römischen Rechts, Band 5, Berlin 1841, Seite 280 f.; *Liman*, S. 14; *Enneccerus/Nipperdey*, § 222 I; *Riezler* in Staudinger, 5./6. Auflage, § 198 Anm. 1.

209 *Windscheid*, Pandekten I, § 44 m.w.N.; *Windscheid/Kipp*, Pandekten I, § 107 bei und in Fn. 5; *Enneccerus/Nipperdey*, § 222 I Fn. 5 mwN.; *Crome*, § 115 2; *Riezler* in Staudinger, 5./6. Auflage, § 198 Anm. 1.

210 *Friedrich Carl von Savigny*, System des heutigen römischen Rechts, Band 5, Berlin 1841, Seite 281; vgl. auch *Puchta*, § 81 (Veranlassung zur Klage genüge).

211 *Dernburg*, S. 578; *Thon*, S.254 ff.; *Vangerow*, § 147 Anm. I 2) m.w.N., vgl. auch *Windscheid*, Actio, S. 1 f.

dahinstehen, weil das BGB sich für den Regelfall[212] ausdrücklich gegen die Rechtsverletzungstheorie entschieden hat.[213]
Weiter war umstritten, ob das Bestehen von Einreden, insbesondere das Fehlen der Fälligkeit, dem Verjährungsbeginn bzw. -lauf entgegen steht oder nicht.[214] *Windscheid* meinte dazu, ein Recht entstehe dann, wenn derjenige Tatbestand zur konkreten Verwirklichung gelangt ist, an welchen die Rechtsordnung das Sein des Rechts anknüpft.[215] Es könne aber auch in abgeschwächter Form existieren, Hauptfall sei das Bestehen eines Anspruchs mit anhaftender Einrede.[216] Dann sei der Anspruch zwar an und für sich begründet, „es sind alle Tatsachen vorhanden, welche das Recht für seine Entstehung verlangt, es ist keine Tatsachen vorhanden, an welche das Recht seinen Untergang anknüpft; aber ein ihm entgegenstehender Umstand bewirkt, dass der Verpflichtete ihn abweisen, sich seiner Durchführung widersetzen kann, durch diesen Umstand ist der Anspruch gehemmt.[217]

b. Entwicklung zur Anspruchsverjährung

Das römische und daran anknüpfend das gemeine Recht gestalteten die Verjährung wie dargestellt noch als Klageverjährung aus. Danach wäre eine Verjährungsregelung eigentlich im Prozessrecht zu suchen.[218] Schon vor Einführung

---

212 Anders bei Unterlassungsansprüchen, vgl. §§ 199 Abs. 5 sowie 198 S. a.F.

213 *Jakobs/Schubert*, S. 1005; *Liman*, Der Beginn der Anspruchsverjährung namentlich im Fall des § 196 BGB, 1912, S. 14; *Planck* § 198 Anm. 1; *Riezler* in Staudinger, 5./6. Auflage, § 198 Anm. 1 und 3 a; *Dernburg*, S. 578; *Cosack/Mitteis*, § 116 II 1, S. 300; *Matthias*, Lehrbuch des bürgerlichen Rechts, Band 1, 3. Auflage, Berlin 1900, § 64 I B; *Landsberg*, S. 267; *Neumann*, Handausgabe des bürgerlichen Rechts, Band 1, 4. Auflage, Berlin 1905, S. 193; *Harnisch*, Der Beginn der Anspruchsverjährung nach § 198 BGB, Borna-Leipzig 1907, S. 20; *Müller/Meikel*, § 57 S. 133; *Hübner*, Rn. 1377; *Klaucke*, S. 30 inkorporiert die Rechtsverletzungstheorie jedoch in den Anspruchsbegriff und verschafft ihr damit Fortgeltung.

214 Vgl. *Dernburg*, Pandekten, Seite 338, 340 f.

215 *Windscheid*, Lehrbuch des Pandektenrechts, 5. Auflage Band 1, Stuttgart 1879, Seite 166.

216 *Windscheid*, Lehrbuch des Pandektenrechts, 5. Auflage Band 1, Stuttgart 1879, Seite 170.

217 *Windscheid*, Lehrbuch des Pandektenrechts, 5. Auflage Band 1, Stuttgart 1879, Seite 117.

218 Vgl. *Oetker*, Verjährung, S. 27.

des BGB wurde aber darüber gestritten, ob an die Stelle der Klageverjährung nicht eine Anspruchsverjährung treten müsse.[219]

In der Zeit der Erarbeitung des BGB kam es dann auch zu einem entscheidenden Paradigmenwechsel:[220] An die Stelle der Klageverjährung trat in der Folge eines Vorstoßes von *Windscheid*[221] die Anspruchsverjährung.[222] Der Begriff des Anspruchs sollte nunmehr rein materiell-rechtlich verstanden werden, während die gerichtliche Durchsetzbarkeit nur noch als bloße Folge betrachtet wurde.[223] Dem war ein teilweise geändertes Verständnis des Begriffs der „actio" hin zu einem materiell-rechtlichen Verständnis vorausgegangen.[224] Spätestens in der begrifflichen Umstellung auf Anspruchsverjährung lag die Überwindung des aktionenrechtlichen Denkens des römischen Rechts.[225] Als Verjährung des materiell-rechtlichen Anspruchs musste die Verjährung konsequenterweise

---

219 Dafür insbesondere *Windscheid*, Lehrbuch des Pandektenrechts, 5. Auflage Band 1, Stuttgart 1879, Seite 310 ff.; vgl. kritisch dazu *Dernburg*, Pandekten, 5. Auflage, Band 1: Allg. Theil u. Sachenrecht, Berlin 1896, Seite 345 - in der 6.Auflage heißt es dann, auch die Anspruchsverjährung des BGB sei ihrem Wesen nach die gemeinrechtliche Klagenverjährung geblieben.

220 *Hermann*, in: HKK, BGB, § 194-225 Rn. 20.

221 *Windscheid*, Actio, S. 6, 37 ff.; dessen maßgeblichen Einfluss auf diese Entwicklung beschreibt *Kollmann*, Begriffs- und Problemgeschichte des Verhältnisses von formellem und materiellem Recht, Berlin 1996, S. 607-611.

222 *Riezler* in Staudinger, 5./6. Auflage, § 194 Anm. 1; dies geschah jedoch nicht ohne umfassende Debatte, vgl. *Jakobs/Schubert*, S. 1003.

223 *Windscheid*, Actio, S. 2 ff.; vgl. aber den Gegenstand der Verjährung bei *Dernburg*, S. 574 (dies sei wie bei der römischen Klagenverjährung die Befugnis, eine Leistung des Beklagten durch Staatshilfe im Wege eines Angriffes zu erzwingen); kritisch gegenüber Windscheid auch *Hölder*, Zeitschrift für Deutschen Civilprozess, Bd. 29 (1901), S. 50, 51 und 58; *Endemann*, § 93 I S. 395 f., auch Fn. 3; dagegen spricht aber, dass der Begriff der Anspruchsverjährung in dem Bewusstsein gewählt wurde, dass diese Bezeichnung sachlich etwas anderes als der Begriff der Klageverjährung bedeutet, vgl. *Jakobs/Schubert*, S. 1003.

224 *Hermann*, in: HKK, BGB, §§ 194-225, Rn. 19; *Riezler* in Staudinger, 5./6. Auflage, § 194 Anm. 4 m.w.N. (die neuere gemeinrechtliche Doktrin habe nicht verkannt, dass es sich bei der Klageverjährung nicht um die Klage im zivilprozessualen Sinne, sondern um die actio im materiellrechtlichen Sinne handelt); vgl. auch schon RG, Urteil vom 11.06.1880 – III 455/79 = RGZ 2, 158 (Klagerecht und Anspruch seien identisch, so dass die Klageverjährung Verjährung des Anspruchs bedeute, was zu der Frage führt, ob nach der Verjährung eine natürliche Verbindlichkeit bestehen bleiben könne).

225 *Hermann*, in: HKK, BGB, § 194-225 Rn. 19; *Enneccerus/Nipperdey*, § 222 I; *Simshäuser*, S. 71 ff.

auch im BGB ihren Niederschlag finden. Deshalb erwähnt § 194 die gerichtliche Geltendmachung nicht, sondern spricht nur von einem Recht, von einem anderen ein Tun oder Unterlassen zu verlangen.[226] Demgegenüber blieb ein Versuch, auch im BGB an dem Begriff der Klageverjährung festzuhalten,[227] erfolglos.[228]

Der Wechsel zur Anspruchsverjährung begründete zugleich die Trennung des materiellen Rechts vom Prozessrecht.[229]

c. *Zwischenergebnis*

Schon in der Zeit vor dem BGB entwickelte sich aus der früheren Klageverjährung die heutige Anspruchsverjährung; dies begründete eine Trennung von materiellem Recht und Prozessrecht.

Aufgrund dieser Trennung ist zweifelhaft, ob zur Beantwortung von Auslegungsfragen im materiellen Recht eine prozessuale Anknüpfung überhaupt noch zulässig sein kann.[230] Das Zivilprozessrecht dient der Durchsetzung privater Rechte.[231] Es setzt damit den Bestand des durchzusetzenden privaten Rechts voraus, das mithin unabhängig von jenem existiert. Deshalb erscheint es mit dem Anspruchsbegriff kaum vereinbar, in diesen prozessuale Elemente hineinzulesen.[232]

---

226 *Klaucke*, S. 19.

227 *Jakobs/Schubert*, S. 1103: Dafür wurde vorgebracht, bei dem Begriff Klageverjährung handele es sich um den üblichen Ausdruck, der mit der Wirkung der Verjährung auch besser vereinbar sei.

228 Der Antrag, die Überschrift der Verjährungsvorschriften in Klageverjährung zu ändern, wurde zurückgezogen, *Jakobs/Schubert*, S. 1122.

229 *Hermann*, in: HKK, BGB, § 194-225 Rn. 19, 20 („zukunftsweisende und irreversible Diversifikationsgrenze der Disziplinen von Zivil- und Zivilprozessrecht"); *Hellwig*, S. VII-IX; *Enneccerus/Nipperdey*, § 222 I; *Simshäuser*, S. 71 ff.; *Wolf* in FS Schumann, S. 579 meint, dass das Verjährungsrecht seine historische Wurzel als prozessuales Institut noch nicht ganz ablegen konnte.

230 Ablehnend *Windscheid*, Actio, S. 229 f.; *ders.*, Abwehr, S. 25; vgl. dazu *Simshäuser*, S. 84; *Wolf* in FS Schumann, S. 579 f.

231 *Säcker* in MüKo, BGB, Einleitung, Rn. 6 ff.

232 Zurückhaltend *Wolf* in FS Schumann, S. 579,580; a.A. *Hölder*, S. 402 f. V; *Dernburg*, S. 574; *Kuhlenbeck* Bd. 2, S. 563 II; *Hellmann* § 194 Abs. 1 S. 207; unklar *Eck*, § 44 S. 203 f. („Mit der neuen Anspruchsverjährung ist jedoch nur ein neuer Name für die alte Klageverjährung geschaffen, wenn auch der verjährende Anspruch keine Klage, sondern ein materielles Recht Relativrecht ist.").

7. Entstehungsgeschichte der fraglichen Regelungen des BGB

Zu klären bleibt, ob die in Wortsinn und Regelungszusammenhang gefundenen Ansatzpunkte auch vor dem Hintergrund der Entstehungsgeschichte des BGB Relevanz behalten, oder ob es zutreffend ist, dass der Gesetzgeber mit der Entstehung des Anspruchs eigentlich an dessen Fälligkeit anknüpfen wollte.

Für das BGB enthalten die Gesetzesmaterialien die maßgebliche Quelle zur Ermittlung der Vorstellungen der Verfasser und an der Gesetzgebung des BGB Beteiligten. Das sind insbesondere[233] die Motive, die die Vorstellungen der Ersten Kommission für den 1. Entwurf (E I) enthalten, und die Protokolle mit den Vorstellungen der Zeiten Kommission bei der Erstellung des 2. Entwurfs (E II). Die Denkschrift des Reichsjustizamts enthält die Vorstellungen, die der Erstellung der Reichstagsvorlage (E III) zugrunde lagen.

a. Motive

aa. § 158 Abs. 1 E I

Die ursprüngliche Fassung des ersten Entwurfs des BGB enthielt in § 158 Abs. 1 E I eine Regelung für den Beginn der Verjährung.

(1) Entwurfsfassung

§ 158 E I lautet wie folgt:

> *„Die Verjährung beginnt mit dem Zeitpunkte, in welchem die Befriedigung des Anspruchs rechtlich verlangt werden kann[234] (Fälligkeit).[235]*
> *Insbes. beginnt die Verjährung eines bedingten oder betagten Anspruches erst nach dem Eintritte der Bedingung oder des Termines.*
> *Ist die Entstehung eines Anspruches von dem bloßen Wollen des Berechtigten abhängig, so beginnt die Verjährung mit dem Zeitpunkte, in welchem der Anspruch zur Entstehung gebracht werden konnte.*
> *Ist die Befriedigung eines Anspruches von dem Verlangen oder von der Kündigung des Berechtigten abhängig, so beginnt die Verjährung mit dem Zeitpunkte, in welchem das Verlangen oder die Kündigung erfolgen konnte. Ist von der Kündigung an noch eine Frist für die Befriedigung bestimmt, so beginnt die Verjährung mit dem Zeitpunkte, in welchem*

---

233 Zu den in der Vorlage von Gebhard enthaltenen Vorschläge enthaltenen Vorschlägen vgl. *Jakobs/Schubert*, S. 1001 ff. m.w.N.

234 So auch schon die Vorlage, vgl. *Jakobs/Schubert*, S. 1001.

235 Zur Ergänzung dieses Klammerzusatzes vgl. Prot. I, S. 1181 (Beratung des BGB. Recht der Schuldverhältnisse I, S. 292) und *Jakobs/Schubert*, S. 1057.

eine dieser Frist gleichkommender Zeitraum seit dem Zeitpunkte abgelaufen ist, in welchem die Kündigung erfolgen konnte.“

(2) Begründung

Da nach dem Entwurf der Anspruch und nicht das Klagerecht verjährt,[236] könne es für den Beginn der Verjährung nicht auf den Zeitpunkt ankommen, zu welchem die Befugnis zur Klageerhebung oder eine Rechtsverletzung eingetreten ist, sondern nur auf den Zeitpunkt, von welchem ab die Befriedigung des Anspruchs rechtlich verlangt werden kann. Die frühere Rechtsverletzungstheorie sei den neueren Gesetzgebungen hingegen fremd oder jedenfalls nicht grundsätzlich anerkannt.[237] Sie lasse nämlich vielfach den sicheren Anfangspunkt für den Lauf der Verjährung vermissen, begründe Beweisschwierigkeiten und führe unter Umständen dazu, dass zweifelhafte Ansprüche nicht verjähren.[238]

Der nach dem Entwurf für den Beginn der Verjährung maßgebende Zeitpunkt falle in den meisten Fällen[239] mit dem Zeitpunkt der Entstehung des Anspruchs zusammen und biete so der Regel nach einen ebenso sicheren als leicht erkennbaren Anhalt für die Bestimmung des Anfangs der Verjährung.[240] Als Ausgangspunkt enthalte Abs. 1 denjenigen *„Zeitpunkt, in welchem die Befriedigung des Anspruchs rechtlich verlangt werden kann“*. Es soll damit klargestellt werden, dass es lediglich darauf ankommt, wann nach der Natur des Anspruchs an sich, nicht wann tatsächlich Befriedigung angesprochen werden kann.“[241]

Anlässlich des Entwurfs von Abs. 1 bestehe Gelegenheit, den Begriff der Fälligkeit näher zu bestimmen.[242]

---

236 Dies war Gegenstand einer umfassenden Debatte, vgl. *Jakobs/Schubert*, S. 1003.

237 Vgl. auch *Jakobs/Schubert*, S. 1005: Schon der erste Vorschlag zur Regelung des Verjährungsbeginns war gegen die Auffassung gerichtet, die für den Beginn der Verjährung eine Rechtsverletzung forderte. Er lautete: „Die Verjährung beginnt mit dem Zeitpunkte, in welchem die Befriedigung des Anspruchs rechtlich verlangt werden kann“. Bei dieser Formulierung ging es also gar nicht darum, den Verjährungsbeginn durch die Anknüpfung an die Fälligkeit nach hintern zu verlegen, sondern darum, den Verjährungsbeginn durch die Klarstellung vorzuverlegen, dass es einer Rechtsverletzung nicht bedarf.

238 Motive I, S. 307.

239 Aber nicht in allen Fällen; darauf weist auch *Piekenbrock*, S. 341 Fn. 174 zu Recht hin.

240 Motive I, S. 307.

241 Motive I, S. 308.

242 Motive I, S. 308.

Abs. 2 des Entwurfs enthalte nur eine Folgerung aus Abs. 1, die wegen ihrer praktischen Bedeutung besonders hervorgehoben werden sollte, nämlich dass ein bedingter oder befristeter Anspruch der Verjährung erst nach Eintritt der Bedingung oder dem vereinbarten Zeitpunkt der Verjährung unterworfen ist.[243] Als diese Klarstellung vorläufig gebilligt wurde, hieß es noch, dass geprüft werden soll, ob eine solche Klarstellung entbehrlich ist.[244] Das wurde also offenbar zunächst abgelehnt.[245]

Die Begründung setzt sich ausführlich mit dem Fall eines Anspruchs, der jederzeit geltend gemacht werden könnte, wo aber die sofortige Befriedigung gleichwohl nicht erwartet wird, sondern stillschweigend vom Gläubiger zurückgestellt wird, auseinander (sog. verhaltener Anspruch). In der Regel würden die fraglichen Verhältnisse in nicht allzu langer Zeit geordnet werden. Das dauere selten länger als 30 Jahre. Falls doch, liege eine Verdunkelung der Rechtsbeziehung nahe und die Verjährung solle eingreifen. Eine Ausnahme würde zudem den an sich so einfachen Grundsatz zum Verjährungsbeginn in erheblichem und dem Verkehrsinteresse kaum dienlichen Umfang durchbrechen.[246]

Die folgenden Absätze sind von dem Gedanken getragen, dass die Verjährung eines Anspruchs, den der Gläubiger einseitig ins Leben rufen kann, beginnen soll, sobald der Gläubiger die Möglichkeit dazu hat.[247]

Die Berücksichtigungsfähigkeit der Kündigungsfrist als Aufschiebungsgrund des Verjährungsbeginns war sehr umstritten und wird im Entwurf einerseits wegen überwiegend gleichlaufender Vorgängerregelungen und andererseits aufgrund der in ihr liegenden Stundung befürwortet.[248]

(3) Stellungnahme

Den Motiven zu § 158 E I ist damit Folgendes zu entnehmen:

Der Gesetzgeber war auf der Suche nach einem sicheren und leicht erkennbaren Anknüpfungspunkt für den Beginn der Verjährung. Beweisschwierigkeiten und Ausnahmen sollten möglichst vermieden werden. Diese Motivation wird gleich mehrfach hervorgehoben.

---

243 Motive I, S. 308.

244 *Jakobs/Schubert*, S. 1020.

245 Die Regelung wurde trotz anhaltender Kritik mit geringfügigen Änderungen beibehalten, vgl. dazu *Jakobs/Schubert*, S. 1057 f.

246 Motive I, S. 307 f.

247 Motive I, S. 308 f.

248 Motive I, S. 309 a.E.

Weder die Befugnis zur Klageerhebung noch eine Rechtsverletzung erschien dem Gesetzgeber als geeigneter Anknüpfungspunkt für die Verjährung.

Die Fassung des Entwurfs führt nach der Begründung dazu, dass der Verjährungsbeginn in den meisten Fällen mit der Entstehung des Anspruchs zusammenfällt und gerade deshalb erfülle die Fassung die an den Anknüpfungspunkt für die Verjährung gestellten Anforderungen.[249] Diese Begründung legt es nahe, die Formulierung des Entwurfs aufzugeben und den Verjährungsbeginn unmittelbar an die Entstehung des Anspruchs anzuknüpfen, wenn gerade darin der richtige Anknüpfungspunkt gesehen wurde. Dies würde nämlich nicht nur - wie die aktuelle Fassung (die auf den Zeitpunkt „in welchem die Befriedigung des Anspruchs rechtlich verlangt werden kann (Fälligkeit)" abstellt) – *„in den meisten Fällen"*, sondern auch sonst einen sicheren leicht erkennbaren Anhalt für die Bestimmung des Verjährungsbeginns bieten.

Welche Fälle aber meinte der Gesetzgeber, wenn er von den *„meisten Fällen"* spricht, in denen die Fassung des Entwurfs mit der Entstehung zusammenfällt? Erklärlich ist diese Aussage, wenn der Gesetzgeber den von Anfang an als fällig entstandenen Anspruch als Regelfall ansah und Einreden außer Betracht ließ. Die Einrede stellt eine Ausnahme dar. Fälligkeit liegt in der Tat in den meisten Fällen mit Entstehung des Anspruchs vor (vgl. § 271), was auch bereits vor dem BGB galt – problematisch waren vielmehr die Ausnahmen.[250]

Überdies betont die Begründung, dass es allein darauf ankommen soll, wann nach der Natur des Anspruchs an sich Befriedigung verlangt werden kann und nicht darauf, wann dies tatsächlich der Fall sei. Danach kommt es für die Entstehung des Anspruchs auf praktische Hindernisse wie Unauffindbarkeit oder Solvenz des Schuldners etc. nicht an, so dass diese den Beginn der Verjährung regelmäßig nicht beeinflussen (vgl. § 203 a.F., § 206 zu einer Ausnahme). Ob es auf rechtliche Hindernisse wie Leistungsverweigerungsrechte ankommt, hängt davon ab, ob diese die „Natur des Anspruchs an sich" betreffen. Damit rückt die Frage in den Vordergrund, was genau die Natur des Anspruchs eigentlich ist.[251] Das war aber damals noch unklar. Der Anspruchsbegriff war gerade erst eingeführt worden (vgl. oben 6.b). Hierin liegt womöglich der Grund dafür, dass fast alle Monographien zum Verjährungsbeginn, die kurz nach Einführung des

---

249 Motive I, S. 307.

250 Vgl. Mugdan II, S. 20 f.

251 Diese Frage war schon früh bei den Beratungen des BGB diskutiert worden, vgl. *Jakobs/Schubert*, S. 1003.

BGB veröffentlicht wurden, sich eingehend mit dem damals noch recht jungen Anspruchsbegriff befassen.[252]

Obwohl der Entwurf also nach seinem Wortlaut auf die Durchsetzbarkeit und die Fälligkeit als Voraussetzungen des Verjährungsbeginns abzuzielen scheint, sind der Begründung schon Anhaltspunkte dafür zu entnehmen, dass die Entstehung des Anspruchs als richtiger Zeitpunkt für den Verjährungsbeginn bereits erkannt war, und es auf Einreden möglicherweise nicht ankommt. Allein die Fälligkeit stand noch im Wortlaut des Entwurfs, was wie eine Durchbrechung dieses Grundgedankens erscheint. Dies wird besonders deutlich, wenn man die Absätze 3 und 4 des Entwurfs in die Betrachtung einbezieht, die ja darauf abzielen, den Verjährungsbeginn möglichst früh zu verorten, teilweise sogar noch vor der eigentlichen Anspruchsentstehung. Allerdings sieht Abs. 4 eine Verschiebung des Verjährungsbeginns um eine etwaige Kündigungsfrist vor. Die dazu gegebene Begründung ist konsequent, soweit sie wegen der Anknüpfung an die Fälligkeit in Abs. 1 auf die Übereinstimmung mit anderen Regelungen abstellt, aber nicht, soweit sie die Stundung benennt, weil diese gem. § 162 E I gerade eine Kategorie der Hemmung darstellt (dazu sogleich).

bb. § 162 E I

§ 162 E I des Entwurfs ist die Vorgängerregelung des späteren § 202 a.F. und des heutigen § 205. Die Regelung betrifft eigentlich nicht den Beginn der Verjährung, sondern dessen Hemmung. Da aber beide Regelungen insbesondere von Teilen der Literatur, aber auch von der Gesetzesbegründung, in einer unmittelbaren Abhängigkeit gesehen werden, soll auch § 162 E I schon hier vorgestellt werden.

(1) Entwurfsfassung

§ 162 E I lautete wie folgt:[253]

---

252 Vgl. z. B. *Hellwig*, S. 5; *Klaucke*, S. 11 ff.; *Langheineken*, S. 19 ff.; *Liman*, S. 6 ff.; *Schröter*, S. 23 ff.; *Zachariae*, II 2.

253 In der Vorlage (*Jakobs/Schubert*, S. 1001, dazu auch S. 1006) betraf die Hemmung noch ausdrücklich „Beginn und Lauf der Verjährung" und setzte das Bestehen einer Einrede voraus. Das wurde mehrheitlich als zu eng betrachtet und deshalb auf „jedes rechtliche Hindernis" erweitert. Der Begriff könne von der Wissenschaft geklärt werden. Die Minderheit fand diesen Begriff vor dem Hintergrund der im gemeinen Recht über die verjährungshemmende Wirkung von Einreden bestehenden Streitigkeiten zu unklar. Einfache tatsächliche Hindernisse bei der Geltendmachung des Anspruchs sollten nach dem Verlauf der weiteren Beratung für Beginn, Lauf und Ablauf der

„Die Verjährung wird durch jedes rechtliche Hindernis gehemmt, welches vermöge der Beschaffenheit des Anspruches oder vermöge einer besonderen Vorschrift die Rechtsverfolgung nicht gestattet.
Die Verjährung wird dadurch nicht gehemmt, dass dem Anspruche die Einrede des nicht erfüllten Vertrages, des Zurückbehaltungsrechtes oder der Vorausklage oder die Abzugseinrede des Inventarerben entgegensteht.
Sie wird auch dadurch nicht gehemmt, dass dem Anspruche eine zur Aufrechnung geeignete Forderung gegenübersteht oder dass der Anspruch der Anfechtung unterliegt."

(2) Begründung

Die Verjährung müsse ruhen, so lange der Anspruch nicht geltend gemacht werden könne.[254] So beginnt die Begründung zu § 162 E I, der die rechtlichen Hindernisse der Geltendmachung, die hemmende Wirkung haben, enthalten sollte. Auch wenn sich diese Hemmung auf den Beginn der Verjährung beziehe, erledige sich eine solche Regelung nicht durch § 158 Abs. 1 E I, weil dieser als allgemeine Regel lediglich auf die rechtliche Möglichkeit der Geltendmachung des Anspruchs an sich Gewicht lege und naturgemäß die in den Umständen des einzelnen Falles sich gründenden besonderen Hindernisse der Geltendmachung außer Betracht lasse.[255] Solche Hindernisse könnten sowohl in der „Beschaffenheit des Anspruchs selbst" als auch in besonderen Vorschriften begründet sein, die die Geltendmachung ausschlössen.[256] Unter ersteres fielen vornehmlich die (materiell-rechtlichen) Einreden.[257] Deren Wirkung für die Verjährung sei bislang umstritten und eine Entscheidung nunmehr unumgänglich.[258] Der Schwerpunkt liege auf den verzögernden Einreden. Zerstörende Einreden wird der Schuldner angesichts der leichter zu begründenden Verjährungseinrede nicht geltend machen, während der Gläubiger sich zur Verteidigung gegen die Verjährung auf diese nicht berufen werde.[259] Gewiss sei jedenfalls, dass nicht wenige der verzögernden Einreden die Verjährung hindern müssten, insbesondere die

---

Verjährung aber unerheblich sein (a.a.O., S. 1007). Eine weitere Einschränkung für „Einreden, welche dem Anspruch entgegenstehen und diesen selbst betreffen" wurde abgelehnt. Eine „dem Verpflichteten gewährte Frist, mag dieselbe auf Rechtsgeschäft oder gesetzlicher Anordnung beruhen" sollte zur Hemmung führen (beides a.a.O., S. 1011).

254 Motive I, S. 312.
255 Motive I, S. 313.
256 Motive I, S. 313.
257 Motive I, S. 312.
258 Motive I, S. 312.
259 Motive I, S. 312.

Stundungseinrede.[260] Hingegen könnten die Einrede des nicht erfüllten Vertrages, des Zurückbehaltungsrechts und der Vorausklage ausnahmsweise die Verjährung nicht hemmen.[261]

(3) Stellungnahme

Die Begründung zu § 162 E I bestätigt eine Vermutung, die sich bereits nach der Begründung zu § 158 E I aufgedrängt hat, nämlich dass Leistungsverweigerungsrechte dem Beginn der Verjährung grundsätzlich nicht entgegenstehen, sondern allenfalls als Hemmung berücksichtigt werden sollen.

Dies gilt nach dem Wortlaut des ersten Entwurfs grundsätzlich für sämtliche Leistungshindernisse, nicht nur für dilatorische Einreden. Gerade diese Frage war seinerzeit sehr umstritten[262] und sollte ausweislich der Motive mit dem Entwurf entschieden werden. Vertreten wurde einerseits, dass keine Einrede die Verjährung hemmen könne,[263] und andererseits, dass (nur) dilatorische Einreden die Verjährung hemmen, soweit der Gläubiger sie nicht beseitigen kann.[264]

Die Begründung fasst die Stundung ausdrücklich unter § 162 E I, was es nahegelegt hätte, auch die Kündigungsfrist statt in § 158 Abs. 4 E I hier einzuordnen. Deutlich wird aber auch, dass die Einordnung der Fälligkeit in § 158 Abs. 1 E I und der Stundung in § 162 E I widersprüchlich erscheint – es sei denn, man nimmt die anfänglich aufgeschobene Fälligkeit aus dem Begriff der Stundung aus.[265]

cc. Zwischenergebnis

Danach lässt sich für die Motive folgendes Zwischenergebnis festhalten:

Ziel des Entwurfs war es, einen sicheren und leicht erkennbaren Anhalt für den Beginn der Verjährung zu finden. Dieser Zeitpunkt sollte ausdrücklich weder von der Möglichkeit der Klageerhebung noch von einer Rechtsverletzung abhängen. Damit ist die von der heute herrschenden Auffassung vertretene Voraussetzung der Möglichkeit der Erhebung einer Leistungsklage für

---

260 Motive I, S. 312.

261 Motive I, S. 312.

262 Vgl. *Peters/Zimmermann*, Gutachten, S. 125 f.

263 *Savigny*, S. 290; vgl. auch *Regelsberger*, § 183 II 5 b (soweit die Einrede nicht schon die Entstehung des Anspruchs ausschließt).

264 *Vangerow*, § 147 Anm. I 3; *Windscheid/Kipp* § 109, 1 (insbes. Fn. 3 m.w.N.).

265 Die unterschiedliche Wirkung von Fälligkeitsverschiebung und Stundung spricht für eine solche Differenzierung, vgl. *Roth*, § 18 III.

den Verjährungsbeginn nicht vereinbar. Da es auf eine Rechtsverletzung nicht ankommen soll, liegt es auch nahe, dass für den Beginn der Verjährung die Frage, ob der Schuldner die Leistung verweigern darf, dahinstehen kann.

Vielmehr ging man schon bei der ursprünglichen Fassung davon aus, dass trotz Entstehung des Anspruchs ein Bestehen insbesondere dilatorischer Einreden in Betracht komme, derentwegen der Anspruch nicht geltend gemacht werden kann. Solange soll die Verjährung lediglich ruhen. In Betracht kommt eine solche Hemmung nach den Motiven auch bereits vom Beginn der Verjährung an. Dies zu erreichen war der Zweck des § 162 E I, der ausdrücklich neben § 158 E I für erforderlich gehalten wurde. Hier (und nicht beim Verjährungsbeginn) wurde in der Begründung auch der Satz verortet, dass die Verjährung ruhen müsse, so lange der Gläubiger seinen Anspruch nicht geltend machen kann. Gerade dieses von der Rechtsprechung für die Fälligkeit als Voraussetzung der Entstehung des Anspruchs angeführte einzige (!) Argument[266] ist also in Wahrheit ein Argument für die Hemmung. Dieses Argument spricht damit dann, wenn man auch die Hemmung in die Betrachtung einbezieht, nicht nur nicht für, sondern sogar gegen die Fälligkeit als Voraussetzung der Entstehung des Anspruchs.

Danach ist für den Verjährungsbeginn die Durchsetzbarkeit des Anspruchs also von Anfang an nicht in jedem Fall als zwingende Voraussetzung angesehen worden, sondern der Verjährungsbeginn sollte in vielen Fällen eintreten und nur der Ablauf der Verjährung gem. § 162 E I gehemmt sein.

Die Fälligkeit war hingegen ausdrücklich Voraussetzung für den Verjährungsbeginn. Das folgt aus dem Wortlaut des § 158 Abs. 1 E I und wird auch durch § 158 Abs. 4 E I bestätigt. Beides wird in der Begründung der Motive aber nicht überzeugend nachvollzogen. Im Gegenteil spricht nach den Grundgedanken der Begründung eigentlich mehr gegen eine Verortung der Fälligkeit in § 158 E I und für eine Berücksichtigung in § 162 E I.

Angesichts der Regelung in § 158 Abs. 2 E I sollte der bedingte oder betagte Anspruch erst als entstanden zu betrachten sein, wenn Bedingung oder Anfangstermin eingetreten sind. Die unterschiedliche Regelung von Fälligkeit in § 158 Abs. 1 E I einerseits und Bedingung / Befristung in§ 158 Abs. 2 E I andererseits zeigt, dass zwischen beidem zu unterscheiden ist.

---

266 Vgl. oben B.I.

b. *Protokolle*

aa. *§ 158 Abs. 1 E I und § 165 E II*

Ausweislich der Protokolle gab es zu der Fassung des § 158 Abs. 1 des ersten Entwurfs verschiedene Änderungsanträge, die deshalb interessant sind, weil die Beschlussfassung über sie die damaligen Regelungsabsichten verdeutlicht.

(1) Änderungsanträge

Der erste ging dahin, den Verjährungsbeginn primär an die Fälligkeit zu knüpfen und diese sodann als den Zeitpunkt zu definieren, in welchem die Leistung verlangt werden kann.[267]

Ein anderer (im Folgenden „zweiter Antrag" genannt) wollte den Verjährungsbeginn daran anknüpfen, *„ob der Anspruch rechtlich (vor Gericht?) geltend gemacht werden kann"*.[268] Diesem zweiten Antrag gemäß sollte außerdem eine Regelung ergänzt werden, die klarstellt, dass dilatorische Einreden des Schuldners dem Verjährungsbeginn grundsätzlich entgegenstehen.[269] Ausnahmen sollten nur gelten für die Einrede des nicht erfüllten Vertrages, des Zurückbehaltungsrechts und der Vorausklage.[270]

Alle diese Anträge wurden zugunsten eines weiteren Antrags (im Folgenden „dritter Antrag" genannt) zurückgezogen, nach dem für den Verjährungsbeginn an die Entstehung des Anspruchs angeknüpft werden sollte. Zugunsten dieses dritten Antrags fiel dann auch der Beschluss aus.[271]

(2) Entscheidung und Neufassung

Es wurde beschlossen, dass § 158 E I, nunmehr als § 165 E II, folgende Fassung erhalten sollte:

> *„Die Verjährung des Anspruchs beginnt mit dessen Entstehung. Geht der Anspruch auf ein Unterlassen, so beginnt die Verjährung mit der Zuwiderhandlung.*

---

267 *Jakobs/Schubert*, S. 1110; Protokolle I, S. 209; vgl. auch *Jakobs/Schubert*, S. 1095, zu einer Entwurfsfassung, die eine Fälligkeitsdefinition enthielt.

268 Protokolle I, S. 209 – Zitat einschließlich des Klammerzusatzes wörtlich übernommen.

269 In der Diskussion wurde erkannt, dass im Entwurf des BGB sowohl ein enger und als auch ein weiter Begriff der Fälligkeit vorkam, wovon der enge bei Eintritt der Leistungszeit trotz dilatorischer Einreden zu Fälligkeit führte. Fälligkeit iSd. § 158 Abs. 1 sollte in diesem engen Sinne verstanden werden (*Jakobs/Schubert*, S. 1096 f.).

270 Protokolle I, S. 209.

271 *Jakobs/Schubert*, S. 1111; Protokolle I, S. 210.

Kann der Berechtigte die Leistung erst nach vorgängiger Kündigung verlangen, so beginnt die Verjährung mit dem Zeitpunkte, in welchem die Kündigung zulässig geworden ist. Ist für die Leistung noch eine Frist nach der Kündigung bestimmt, so wird der Beginn der Verjährung um die Dauer der Frist hinausgeschoben.“

(3) Begründung

Dies wurde mit folgenden Erwägungen begründet:

Zunächst sei der Beschluss auf einen Verjährungsbeginn mit Entstehung des Anspruchs gerichtet, weil in diesem Abschnitt des Allgemeinen Teils des BGB keine Definition des unterschiedlich verwendeten Begriffs der Fälligkeit gegeben werden sollte. Das sollte vielmehr den Regelungen des Schuldrechts überlassen bleiben und deshalb die Regelung hier auf eine grundsätzliche Festlegung zum Beginn der Verjährung beschränkt werden.[272]

Sodann heißt es mit Blick auf den durch den zweiten Antrag geforderten Zusatz, wonach dilatorische Einreden dem Beginn der Verjährung entgegenstehen sollten, es empfehle sich nicht bei der Aufstellung der Regel hervorzuheben, dass der Beginn oder der Lauf der Verjährung unter Umständen durch das Vorliegen von gewissen Einreden gehemmt sein könnte. Diese Frage sollte vielmehr gesondert im Rahmen des § 162 E I beraten werden. Erst nach dieser Beratung könne darüber entschieden werden, ob die entsprechenden Regelungen weiterhin gesondert erfolgen oder in § 158 E I ergänzt werden sollen. Jedenfalls müsse ein Grundsatz zum Verjährungsbeginn wegen der noch nicht aufgegebenen unrichtigen Rechtsverletzungstheorie aufgestellt werden.[273]

Weiter heißt es, der in dem angenommenen dritten Antrag formulierte Rechtssatz unterscheide sich in sachlicher Hinsicht nicht von dem Entwurf und gebe die für den Beginn der Verjährung der Regel nach maßgeblichen Voraussetzungen deutlich zu erkennen.[274]

(4) Stellungnahme

Diese Ausführungen werden heute vielfach so interpretiert, als sei damit keine inhaltliche Änderung gegenüber der Anknüpfung an die Fälligkeit (in § 158 E

---

272 Prot. 32, S. 210.

273 Prot. 32, S. 210; vgl. dazu auch *Piekenbrock* in BeckOGK BGB, Stand 1.5.2021, § 199 Rn. 16 („Dass der Lauf der Verjährung zunächst gehemmt ist, wenn der Schuldner die Leistung vorübergehend verweigern kann, sollte in einem separaten Hemmungstatbestand ausgesprochen werden (§ BGB § 202 Abs. BGB § 202 Absatz 1 BGB 1900)“).

274 Prot. 32, S. 210.

I) beabsichtigt, die deshalb grundsätzlich weiterhin maßgeblich bleibe. Diese Auffassung kann sich insbesondere auf den Satz stützen, durch die als § 165 E II beschlossene Fassung werde in sachlicher Hinsicht nicht von § 158 E I abgewichen.

Dabei wird dieser Satz aber aus dem Zusammenhang gerissen. Außer Betracht bleiben drei Aspekte: Die klare Änderung des Wortlauts des § 165 E II gegenüber § 158 E I, die Ausführungen der Begründung zur Fälligkeit und zur systematischen Verordnung von Einreden in § 162 E I statt § 165 E II. Unberücksichtigt bleibt auch der Ausgangspunkt der Motive, wonach die Möglichkeit der Geltendmachung in den meisten Fällen mit der Entstehung des Anspruchs zusammen falle.

Die Änderung des Wortlauts des § 165 E II, der anders als noch § 158 E I den Beginn der Verjährung gerade nicht mehr an den „Zeitpunkt, von dem die Befriedigung des Anspruchs rechtlich verlangt werden kann (Fälligkeit)" abhängig macht, sondern auf die Entstehung des Anspruchs abstellt, macht bereits deutlich, dass es auf die Fälligkeit nach der Fassung des E II nicht mehr ankommen soll. Es ist deshalb nicht anzunehmen, dass unter der Entstehung des Anspruchs im Sinne des E II derselbe Zeitpunkt gemeint sein soll wie nach der Fassung des E I. Dann wäre die Änderung des Wortlauts nämlich überflüssig. Die Begründung des Gesetzgebers bestätigt, dass eine Anknüpfung an die Fälligkeit gerade nicht beabsichtigt war. Man wollte die Definition der Fälligkeit an dieser Stelle nicht vorwegnehmen. Nach der übrigen Systematik des BGB ist es nicht naheliegend, dass man dies zu erreichen versucht, in dem man das Merkmal der Fälligkeit zwar aus dem ausdrücklichen gesetzlichen Tatbestand des Verjährungsbeginns entfernt, diesen scheinbar nur noch von der Entstehung des Anspruchs als einem allgemeineren Merkmal abhängig macht, in dieses allgemeine Merkmal dann aber doch wieder die Fälligkeit als Voraussetzung hinein interpretiert. Insbesondere die Ablehnung des zweiten Änderungsantrags, wonach dilatorische Einrede dem Verjährungsbeginn entgegenstehen sollten, verbunden mit dem Hinweis, dass diese an anderer Stelle, nämlich bei § 162 E I, geregelt werden sollten, zeigt, dass der Gesetzgeber den Verjährungsbeginn von dilatorischen Einreden nicht abhängig machen wollte. Darunter fällt aber auch die fehlende Fälligkeit.[275] Zuletzt ist der dem BGB zugrundeliegende Regelfall

275 Überlegungen, in § 158a E I eine Regelung aufzunehmen, nach der die Verjährung nicht beginnt, *„solange der Anspruch gestundet oder der Schuldner aus anderen Gründen vorübergehend befugt ist, die Leistung zu verweigern"* und in § 162 E I eine Hemmung für den Fall des nachträglichen Eintritts der in § 158a enthaltenen Voraussetzungen anzuordnen (s. *Jakobs/Schubert*, S. 1124, 1129), setzten sich nicht durch.

der, dass ein Anspruch sofort und damit mit seiner Entstehung fällig wird.[276] Dann kann aber der Verjährungsbeginn in der Tat ohne grundsätzliche sachliche Änderung mit der Entstehung des Anspruchs statt mit seiner Fälligkeit beginnen. Es bedarf dann allerdings einer besonderen Regel für den Fall, dass ein Anspruch ausnahmsweise nicht sofort fällig ist. Diese Regelung sollte in § 162 E I getroffen werden.

Vor diesem Hintergrund können die Begründung und der fragliche Satz deshalb mit besseren Argumenten so verstanden werden, dass im Ergebnis mit der Neufassung keine sachliche Änderung eintritt, weil der Anspruch regelmäßig ohnehin bereits mit Entstehung fällig wird oder aber mangels Fälligkeit die Verjährung jedenfalls durch § 162 E I gehemmt wird. Dies zeigt die ausgeklammerte Regelung zu den Einreden, die gerade die dilatorischen Einreden, insbesondere die Stundung und die Fälligkeit behandeln sollte. Tatsächlich ist die Fälligkeit sogar der wesentliche Fall der verbleibenden Einreden, weil insbesondere die Einrede des nicht erfüllten Vertrages und des Zurückbehaltungsrechts ausgeschlossen werden sollten.

Nur ein solches Verständnis wird auch den erklärten Absichten des Gesetzgebers gerecht. Denn wenn a) ein sicherer und leicht erkennbarer Ansatzpunkt gefunden werden sollte, b) keine Entscheidung an anderer Stelle vorweggenommen, c) keine Definition der Fälligkeit gegeben werden, und d) die Hemmung infolge von Einreden aber aus § 162 E I folgen sollte, dann kann es nicht gewollt gewesen sein, implizit in § 165 E II doch die Fälligkeit zur Voraussetzung des Verjährungsbeginns zu machen. Andernfalls hätte man zumindest zunächst über die Frage der Definition der Fälligkeit beraten müssen, die ja umstritten war und noch gar nicht feststand. Hätte diese Definition bereits vorgelegen und wäre es beabsichtigt gewesen, hieran den Verjährungsbeginn anzuknüpfen, dann wäre die Streichung der Fälligkeit aus dem § 158 E I überflüssig gewesen. Zudem beraubt die abgelehnte Auslegung den § 162 E I seines wesentlichen Anwendungsbereichs der dilatorischen Einreden.

Im Ergebnis spricht also alles dafür, dass der Gesetzgeber den Beginn der Verjährung nicht von der Fälligkeit abhängig machen wollte.

bb. § 162 E I und § 168 E II

Dieses Verständnis bestätigen auch die Protokolle zu § 162, also der Vorschrift, in der die Wirkung der Einreden auf die Verjährung geregelt wurde (später § 202 a.F.). Auch hierzu gab es verschiedene Änderungsanträge. Diese und die

276 *Roth*, § 18 I.

Entscheidung hierüber sowie deren Begründung geben Aufschluss darüber, welche Regelung der Gesetzgeber beabsichtigte und welche er ablehnte.

(1) Änderungsanträge

In den Protokollen[277] sind folgende Änderungsanträge betreffend § 162 dokumentiert:

> *„1. Die Abs. 1, 2 des § 162 durch folgende Vorschrift zu ersetzen:*
> *Die Verjährung ist gehemmt, solange dem Anspruch eine dessen Geltendmachung vorübergehend ausschließende Einrede entgegensteht.*
> *Diese Vorschrift findet keine Anwendung auf die Einrede des nicht erfüllten Vertrags, des Zurückbehaltungsrechts und der Vorausklage.*
> *2.*
> *a) den Abs. 1 des § 162 zu fassen:*
> *Die Verjährung ist gehemmt, solange die Leistung vorübergehend verweigert werden darf.*
> *b) der Redaktionskommission zu überlassen, dieser Vorschrift eventuell eine andere Stelle anzuweisen.*
> *3.*
> *a) an Stelle des § 162 zu bestimmen:*
> *Die Verjährung findet nicht statt, solange die Leistungspflicht gestundet ist.*
> *Das Recht des Schuldners, die Leistung bis zur Bewirkung der ihm gebührenden Gegenleistung oder auf Grund des Zurückbehaltungsrechts oder der Einrede der Vorausklage zu verweigern, steht der Verjährung nicht entgegen.*
> *b) diese Vorschrift in den § 158 aufzunehmen, und zwar im Anschluss an die daselbst hinsichtlich der Kündigung gegebene Bestimmung.*
> *4.*
> *a) dem § 158 (wie in dem auf S. 209 unter III mitgeteilten, zu § 162 verwiesenen Antrage 3 c vorgeschlagen) folgenden Absatz beizufügen:*
> *Steht dem Anspruch eine dessen Geltendmachung vorübergehend ausschließende Einrede entgegen, so beginnt die Verjährung erst mit dem Wegfalle derselben. Diese Vorschrift findet keine Anwendung auf die Einrede des nicht erfüllten Vertrags, des Zurückbehaltungsrechts und der Vorausklage.*
> *b) § 162 zu fassen:*
> *Die Verjährung ist gehemmt, wenn nach dem Beginne der Verjährung ein Umstand eintritt, welcher dem Beginn entgegengestanden sein würde, solange derselbe vorhanden ist.*
> *5. den Abs. 2 des im Antrag 1 vorgeschlagenen Paragraphen zu fassen:*
> *Diese Vorschrift findet keine Anwendung, wenn es in der Macht des Berechtigten steht, die Einrede zu beseitigen.*
> *6. im Abs. 2 des § 162 die Worte „oder der Vorausklage" zu streichen und hinter dem § 165 als § 165a die Bestimmung einzustellen:*

277 Protokolle I, S. 215 f.; *Jakobs/Schubert*, S. 1112 f.

Die Verjährung gegen den Bürgen, dem die Einrede der Vorausklage zusteht, wird durch die Anstellung der Vorausklage gehemmt.
Die Hemmung dauert bis zur rechtskräftigen Entscheidung oder sonstigen Erledigung des Rechtsstreits und, wenn das Verfahren in Folge einer Vereinbarung oder in Folge Nichtbetriebs ruht, bis zur letzten Prozesshandlung der Parteien oder des Gerichts."

(2) Entscheidung und Neufassung

Antrag 6 wurde im Laufe der Beratung zurückgezogen.[278]

Die Kommission hat die Anträge 3 bis 5 abgelehnt und den im Antrag 2a vorgeschlagenen Abs. 1 sowie den im Antrag 1 vorgeschlagenen Abs. 2 angenommen.[279]

Es wurde beschlossen, dass § 162 E I, nunmehr als § 168 E II, folgende Fassung erhalten sollte:

„Die Verjährung ist gehemmt, solange die Leistung gestundet oder der Schuldner aus anderen Gründen vorübergehend zur Verweigerung der Leistung berechtigt ist.
Diese Vorschrift findet keine Anwendung auf die Einrede des Zurückbehaltungsrechtes, des nicht erfüllten Vertrages, der mangelnden Sicherheitsleistung, der Vorausklage und auf die nach § 710 einem Bürgen zustehenden Einreden."

(3) Begründung

Die Begründung eröffnet mit der Feststellung, dass Einreden die Verjährung grundsätzlich hemmen sollen, dies aber nur für verzögernde, nicht für zerstörende Einreden gelte. Bei Letzteren soll sich der Schuldner neben der Berufung auf die zerstörende Einrede auch auf Verjährung berufen können. Demgegenüber rechtfertige der seltene Fall, dass die Hemmung der Verjährung durch eine peremptorische Einrede für den Gläubiger praktische Bedeutung haben könne, eine Regelung nicht.[280]

Für die Formulierung entsprechend der Fassung in Antrag 2 a entschloss sich die Kommission, um den Rechtsgrund der hemmenden Wirkung in verständlicher Weise herauszustellen.[281]

Eine Unterscheidung danach, *„ob der die Hemmung bewirkende Umstand bereits bei der Entstehung des Anspruchs und dem durch sie bedingten Beginne der Verjährung vorhanden war oder ob derselbe erst im Laufe der Verjährungsfrist*

278 Protokolle I, S. 216.
279 Protokolle I, S. 216.
280 Protokolle I, S. 216; vgl. auch *Jakobs/Schubert*, S. 1096.
281 Protokolle I, S. 216.

eintrete" hielt die Kommission für „*nicht erforderlich*".[282] Aus diesem Grunde wurde der eine solche Unterscheidung enthaltende Antrag 4 abgelehnt. Die Redaktionskommission wurde jedoch aufgefordert zu prüfen, ob § 162 ganz oder teilweise mit § 158 verbunden werden sollte.[283]

Antrag 3 a), der eine Hemmung nur für die Stundung vorsah und zu dessen Gunsten geltend gemacht wurde, im Übrigen genüge die Analogie, wurde als zu eng abgelehnt und die Analogie zum Ausgleich für nicht genügend gehalten.[284]

Die Kommission erklärte außerdem zu Abs. 1 ausdrücklich, dass „*der gefasste Beschluss genüge, um alle Fälle zu decken, in welchen die Hemmung der Verjährung ihren Grund in einem der Geltendmachung des Anspruchs entgegenstehenden rechtlichen Hindernisse habe.*"[285]

Zur Ablehnung des Antrags 5 über die Fassung des Abs. 2 wurde erläutert, dass eine zusammenfassende allgemeine Bestimmung statt einer Aufführung der einzelnen Ausnahmen bedenklich sei, weil es nicht gelingen werde, das leitende Prinzip in einem Rechtssatz zum Ausdruck zu bringen, der nicht die Gefahr begründe, dass im Einzelfall Zweifel entstehen und Konsequenzen gezogen werden, die vom Gesetz nicht gewollt seien.[286]

(4) Stellungnahme

Die Beschlussfassung über die Änderungsanträge bringt mit bemerkenswerter Deutlichkeit zum Ausdruck, was die damals Beschlussfassenden ablehnten und was sie demgegenüber bevorzugten.

Klar zum Ausdruck kommt zunächst, dass peremptorische Einreden den Verjährungslauf unberührt lassen und damit auch für die Entstehung des Anspruchs keine Bedeutung haben können.

Als nicht erforderlich abgelehnt wurde insbesondere aber auch der Antrag Ziffer 4, wonach anfängliche dilatorische Einreden dem Verjährungsbeginn entgegengestanden und nur nachträgliche zur Hemmung geführt hätten.[287] Die Regelung des § 162 E sollte vielmehr für alle dilatorischen Einreden gleichermaßen gelten, nicht nur für die Stundung, aber eben auch für diese. Deshalb wurde auch der Antrag Ziffer 3 a) als zu eng abgelehnt. Alle Fälle, in welchen

282 Protokolle I, S. 217.

283 Protokolle I, S. 216; vgl. zu der Diskussion auch oben Fn. 268.

284 Protokolle I, S. 216.

285 Protokolle I, S. 216.

286 Protokolle I, S. 216.

287 Protokolle I, S. 216 f.

die Hemmung der Verjährung ihren Grund in einem der Geltendmachung des Anspruchs entgegenstehenden rechtlichen Hindernisse hat, sollten von der Vorschrift erfasst werden. Das bringt klar zum Ausdruck, dass die Vereinbarung einer späteren Fälligkeit den Verjährungsbeginn unberührt lassen und nur zu einer Hemmung der Verjährung führen sollte.

Obwohl ausdrücklich beschlossen wurde, dass die Redaktionskommission prüfen soll, ob es zweckmäßig erscheint, den § 162 E I ganz oder teilweise mit dem § 158 E I zu verbinden, ist eine solche Verbindung später nicht erfolgt. Auch das kann nur so verstanden werden, dass der Beginn der Verjährung von dem Bestehen von Einreden nicht abhängen soll, sondern diese nur die Verjährung hemmen.[288] Dafür spricht auch, dass der weitere Prüfungsauftrag in demselben Satz, nämlich bei dieser Prüfung die Vorschrift des § 159 E I zu berücksichtigen, umgesetzt wurde. § 159 E I wurde im Folgenden (als § 166 E II)[289] so geändert, dass der Verjährungsbeginn sich danach grundsätzlich an der Nachfolgeregelung des § 158 E I orientiert, diesen aber zum einen auf das Jahresende verschiebt und zum anderen ausnahmsweise, nämlich für erst nach Ablauf einer Frist fällige Ansprüche, statt an die Entstehung des Anspruchs an den Fristablauf anknüpft (vgl. § 201 a.F.).

cc. Zwischenergebnis

Während nach den Motiven gerade über die Bedeutung von Einreden für die Verjährung noch gewisse Zweifel verblieben, bringen die Protokolle den diesbezüglichen Willen und die dahinterstehenden Überlegungen klar zum Ausdruck:

Einreden sollten den Beginn der Verjährung und damit die Entstehung des Anspruchs unberührt lassen. Peremptorische Einreden sollten auch den Ablauf der Verjährung unberührt lassen. Dilatorische Einrede sollten - von einigen explizit benannten Ausnahmen abgesehen - zur Hemmung des Ablaufs der Verjährung führen.

c. Denkschrift

Wesentliche Änderungen sind hinsichtlich der vorliegend relevanten Fragestellung bis zur endgültigen Fassung nicht mehr erfolgt. Der Vollständigkeit sollen die Änderungen aber gleichwohl in der gebotenen Kürze dargestellt werden.

---

288 Vorschläge, die den Verjährungsbeginn von der Einredefreiheit abhängig machen wollten, lagen vor, vgl. bereits oben Fn. 268.

289 *Jakobs/Schubert*, S. 1134.

aa. § 165 E II und § 193 E III sowie § 198 BGB

Es wurde beschlossen, dass § 165 Abs. 1 E II, nunmehr als § 193 E III sowie später § 198 a.F., folgende Fassung erhalten sollte:

> *„Die Verjährung beginnt mit der Entstehung des Anspruches. Geht der Anspruch auf ein Unterlassen, so beginnt die Verjährung mit der Zuwiderhandlung."*

Der bisherige Abs. 2 des § 165 E II wurde im Wesentlichen unverändert in § 194 E III, dem späteren § 199 a.F., übernommen.

bb. § 168 E II und § 197 E III sowie § 202 BGB

Es wurde beschlossen, dass § 168 E II, nunmehr als § 197 E III sowie später § 202 BGB, folgende Fassung[290] erhalten sollte:

> *„Die Verjährung ist gehemmt, solange die Leistung gestundet oder der Schuldner* ***aus einem anderen Grunde*** *vorübergehend zur Verweigerung der Leistung berechtigt ist. Diese Vorschrift findet keine Anwendung auf die Einrede des Zurückbehaltungsrechtes, des nicht erfüllten Vertrages, der mangelnden Sicherheitsleistung, der Vorausklage sowie auf die nach § 754 (G. 779) dem Bürgen und* ***nach den §§ 1989, 1990 (G. 2014, 2015) dem Erben*** *zustehenden Einreden."*

[Die geringfügigen Änderungen sind vorstehend durch Fettdruck hervorgehoben.]

cc. Stellungnahme und Zwischenergebnis

Die erfolgten Änderungen sind gegenüber den vorherigen Fassungen für die vorliegende Fragestellung nicht von Bedeutung. Es bleibt aber festzuhalten, dass sich der Gesetzgeber trotz entsprechendem Prüfungsauftrag (vgl. dazu bereits oben b.aa(3) und b.aa(4)) nicht entschlossen hat, die Einredefreiheit als Voraussetzung für den Verjährungsbeginn in §§ 165 E II, 193 E III bzw. 198 a.F. aufzunehmen.

d. Zwischenergebnis

Nach den Materialien zum BGB sollte der Beginn der Verjährung weder von der Möglichkeit der Klageerhebung, einer Rechtsverletzung, der Einredefreiheit und insbesondere auch nicht von der Fälligkeit abhängen. Das Fälligkeitserfordernis

---

290 Ein Antrag, der Abs. 2 des § 168 E II entbehrlich machen sollte, wurde an die Redaktionskommission überwiesen, vgl. *Jakobs/Schubert*, S. 1138. Er blieb aber ausweislich der späteren Fassung der Regelung erfolglos.

wurde sogar ausdrücklich aus dem Gesetzeswortlaut gestrichen. Damit ist die von der überwiegend vertretenen Auffassung aufgestellte Voraussetzung der Möglichkeit der Erhebung einer Leistungsklage bzw. des grundsätzlichen Fälligkeitserfordernisses für den Verjährungsbeginn nicht vereinbar.

Die Entstehung des Anspruchs ist von dem Bestehen dilatorischer Einreden unabhängig. Soweit diese vorliegen soll die Verjährung lediglich ruhen. Das gilt auch dann, wenn die Einrede schon bei der Entstehung des Anspruchs gegeben ist. Der Satz, dass die Verjährung ruhen müsse, so lange der Gläubiger seinen Anspruch nicht geltend machen kann, wird hierdurch verwirklicht.

Der Gesetzgeber hat sich entschlossen, die Einredefreiheit nicht als Voraussetzung für den Verjährungsbeginn in §§ 165 E II, 193 E III bzw. 198 a.F. aufzunehmen.

8. Zwischenergebnis

Das BGB hat sich bewusst zu Gunsten einer Anspruchsverjährung beginnend mit der Entstehung des Anspruchs entschieden, und damit sowohl gegen die Vermittlung durch eine Klagemöglichkeit als auch gegen die Rechtsverletzungstheorie.[291] Voraussetzung der Anspruchsentstehung ist auch der Eintritt etwaiger Bedingungen oder Zeitbestimmungen, von denen die Wirkung des Anspruchs abhängig gemacht ist.

Zwischen der früheren Rechtsverletzungstheorie und der heutigen einhelligen Auffassung zur Fälligkeit als Entstehungsvoraussetzung des Anspruchs für den Verjährungsbeginn gibt es auffällige Gemeinsamkeiten. Nur derjenige verletzt einen Anspruch, der nicht leistet, obwohl der Anspruch fällig ist, nicht aber derjenige, der auf einen nur vorhandenen oder erfüllbaren Anspruch hin untätig bleibt. Das Erfordernis der Rechtsverletzung steht aber in klarer Opposition zu der Auffassung der Schöpfer des BGB, die die Rechtsverletzungstheorie und die Fälligkeitsvoraussetzung gerade ablehnten.

Die gesetzliche Regelung des Verjährungsbeginns vor der Schuldrechtsreform und ihre Entstehungsgeschichte belegen, dass die Einredefreiheit, insbesondere die Fälligkeit, keine Voraussetzung der Entstehung des Anspruchs war, sondern nur aufgrund der Sonderregelung des § 201 S. 2 a.F. den Beginn der Verjährung hindern, im Übrigen aber lediglich zu einer Hemmung gem. § 202 a.F. führen sollte.

---

291 Vgl. bereits oben E.IV.7.aa(1)(b); ebenso *Liman*, Der Beginn der Anspruchsverjährung namentlich im Fall des § 196 BGB, 1912, S. 14.

Eine Anknüpfung der Verjährung an die Klagemöglichkeit wird regelmäßig damit begründet, dass die Verjährung nicht beginnen könne, bevor sie der Gläubiger nicht hemmen kann, und das tunliche Mittel der Hemmung sei eben die Klage.[292] Die Klage ist aber weder die einzige Möglichkeit des Gläubigers zur Geltendmachung seines Anspruchs[293] noch zur Verjährungshemmung, wie §§ 203 ff. zeigen. Dieses Gegenargument mag schwach sein, weil die Klage in der Tat die wichtigste Möglichkeit der Verjährungshemmung ist.[294] Die ZPO bietet aber auch bereits vor dem Zeitpunkt, an den die an die Klagemöglichkeit anknüpfende Auffassung die Verjährung beginnen lassen will, schon Klagemöglichkeiten - ohne dass dies den Verjährungsbeginn auslösen soll.[295] Insbesondere die Zulässigkeit der Feststellungsklage soll dann gegeben sein, wenn sie der Verjährungshemmung dient.[296] Dann ist aber die Bezugnahme auf die Klagemöglichkeit als Voraussetzung des Verjährungsbeginns ein Zirkelschluss.[297] Vor allem aber muss das materielle Recht aus sich heraus die Frage der Verjährung beantworten und das Zivilprozessrecht mit seinen Klagemöglichkeiten erforderlichenfalls so ausgelegt werden, dass eine Verjährungshemmung im Wege der Klage nicht ausgeschlossen ist.

V. Objektiv-teleologische Kriterien

Die Zwecke der Verjährung sind bereits mehr als fünfzig Jahre vor Einführung des BGB[298] in einer auch für dieses prägenden und in weiten Teilen bis heute

292 Dabei soll es zwar regelmäßig auf die Leistungsklage ankommen, ausnahmsweise aber auch die Feststellungsklage genügen, vgl. oben B. Die Anknüpfung an die Fälligkeit mit ihren Ausnahmen setzt sich hier fort, so dass auch Ausnahmen von der Möglichkeit der Leistungsklage zugunsten der Feststellungsklage gemacht werden müssen.

293 Zu denken ist insbesondere an die Aufrechnung, aber auch das Zurückbehaltungsrecht und in Ausnahmen die Selbsthilfe; ebenso *Klaucke*, S. 20.

294 *Klaucke*, S. 19, nennt die Klage das „schärfste, beste und sicherste Mittel zur Geltendmachung eines Rechts".

295 Man denke nur an die Klage auf zukünftige Leistung (§§ 257-259 ZPO); auch die Feststellungsklage (§ 256 ZPO), die § 204 Abs. 1 Nr. 1 BGB der Leistungsklage gleichstellt, kann vor Fälligkeit erhoben werden; kritisch auch *Peters/Zimmermann*, Gutachten, S. 245.

296 BGH, Urteil vom 23.04.1991 – X ZR 77/89 = NJW 1991, 2707, 2708; BGH, Urteil vom 21.07.2005 – IX ZR 49/02 = NJW 2005, 3275, 3276; *Foerste* in Musielak/Voit, ZPO, § 256 Rn. 10, 33.

297 Darauf weist *Spiro*, Band I, § 27 S. 40 Fn. 11 zu Recht hin.

298 *Friedrich Carl von Savigny*, System des heutigen römischen Rechts, Band 5, Berlin 1841, Seite 265 ff.

gültigen Weise[299] zusammengestellt worden. Es besteht eine Wechselbeziehung zwischen den Interessen des Schuldners (dazu sogleich a. Schuldnerschutz), den öffentlichen Interessen (dazu unter b.) und den davon als Kehrseite stets betroffenen Interessen des Gläubigers.[300]

1. Schuldnerschutz

a. Zeitliche Begrenzung der Ungewissheit

Schon lange vor Einführung des BGB wurde als wichtigster Grund für die Verjährung angeführt, „*die an sich ungewissen, des Streites und Zweifels empfänglichen Verhältnisse des Rechts und des Vermögens dadurch festzustellen, dass die Ungewissheit in bestimmte Zeitgrenzen eingeschlossen wird.*“[301] Für die Dauer der Ungewissheit muss der Schuldner nämlich liquide Rückstellungen vornehmen, um eventuelle Belastungen durch Ansprüche kurzfristig bedienen zu können.[302] Dieses Kapital ist gebunden und steht für andere Investitionen nicht zur Verfügung.[303] Damit ist die Dispositionsfreiheit des Schuldners betroffen, was auch heute noch ein beachtlicher Gesichtspunkt ist.[304]

299 *Panier*, Schadenseinheit, S. 32; *Hermann* in HKK, BGB, 1. Auflage 2003, §§ 194-225 Rn. 14; *Spiro*, Verjährung, S. 8 ff.; *Oetker*, Verjährung, S. 33 ff.; *Wolf* in FS Schumann, S. 579, 580 f.; *Büdenbender*, JuS 1997, 481, 482.

300 Vgl. *Hermann* in HKK, BGB, 1. Auflage 2003, §§ 194-225 Rn. 13; *Panier*, Schadenseinheit, S. 32; *Mansel/Budzikiewicz*, § 1 Rn. 37.

301 *Friedrich Carl von Savigny*, System des heutigen römischen Rechts, Band 5, Berlin 1841, Seite 267 f.

302 *Neuner*, 9. Auflage, § 17 Rn. 3.

303 *Mansel/Budzikiewicz*, § 1 Rn. 40; *Budzikiewicz* in NK-BGB, Vor §§ 194-218 Rn. 34; *Peters/Jacoby* in Staudinger, BGB, Vorbem §§ 194 ff. Rn. 5.

304 *Ellenberger* in Palandt, BGB, Überbl v § 194 Rn. 8; *Spiro*, Verjährung, S. 14 ff.; *Mansel/Budzikiewicz*, § 1 Rn. 40; *Wolf* in FS Schumann, S. 579, 580; *Neuner, 9. Auflage*, § 17 Rn. 3; *Neuner*, § 22 Rn. 1; *Panier*, Schadenseinheit, S. 41 sieht darin jedoch nur eine Konkretisierung des Zwecks der Rechtssicherheit bezogen auf die Einzelinteressen des Schuldners. Er weist ferner zu Recht darauf hin, dass eine Entschuldung hingegen nicht Aufgabe der Verjährung, sondern allein des Insolvenzrechts ist, vgl. auch BT-Drs. 14/6040, S. 96.

b. *Schutz vor Beweiserschwernis infolge willkürlich verzögerter Geltendmachung*

Der Gläubiger verfügt über die Macht, den Zeitpunkt der Geltendmachung seiner Ansprüche selbst zu bestimmen. Er kann diese missbrauchen, um dem arglosen Schuldner Schwierigkeiten bei seiner Verteidigung zu bereiten, etwa in dem er abwartet, bis bei diesem erfahrungsgemäß Beweisverschlechterungen eintreten, während er selbst sich mit Beweissicherungen auf den geplanten Prozess vorbereitet hat.[305] Diese Macht und die daraus folgende Missbrauchsmöglichkeiten einzuschränken, war schon im gemeinen Recht ein anerkannter Grund für die Verjährung.[306]

Das gilt noch heute:[307] Der Schuldner, der dauerhaft mit Ansprüchen gegen sich rechnen muss, muss langfristig Geschäftsvorgänge dokumentieren sowie Beweise sichern und aufbewahren, die seiner Entlastung dienen (z.B. Quittungen[308]). Jedenfalls bei Betroffenen mit einer Vielzahl von Geschäftsvorgängen kann dies einen erheblichen Aufwand verursachen. Selbst dort, wo Bereitschaft und grundsätzliche Möglichkeit gegeben sind, diesen Aufwand zu betreiben, lässt er sich schon wegen der begrenzten Erinnerungsfähigkeit von Zeugen und deren Sterblichkeit nur zeitweise aufrechterhalten. Vor allem aber wird man es einem Großteil der Schuldner nicht zumuten wollen, gegenüber allen denkbaren Ansprüchen eine umfassende und langfristige Beweissicherung von Verteidigungsmitteln vorzunehmen, zumal die wenigsten Schuldner überhaupt daran denken werden (noch zu einer selbständigen Beurteilung in der Lage sein werden, welche Beweise mit Blick auf ein etwaiges Gerichtsverfahren zu sichern wären).[309] Der Schuldner muss im Gegensatz zum Gläubiger, der Beweisnöten infolge Zeitablaufs durch rechtzeitige Geltendmachung entgegenwirken kann, regelmäßig diese Initiative des Gläubigers abwarten.[310] Der Schuldner trägt

305 Vgl. *Grothe* in MüKo, BGB, Vor § 194 Rn. 6.

306 *Friedrich Carl von Savigny*, System des heutigen römischen Rechts, Band 5, Berlin 1841, Seite 271 f.; ähnlich auch Motive I, S. 291.

307 *Brox/Walker*, § 31, Rn. 3 f.; *Panier*, Schadenseinheit, S. 35; *Mansel/Budzikiewicz*, § 1 Rn. 39.

308 Vgl. *Panier*, Schadenseinheit, S. 35; *Spiro*, Verjährung, S. 8; abstrakt auch *Mansel/Budzikiewicz*, § 1 Rn. 38.

309 *Panier*, Schadenseinheit, S. 36; *Merschformann*, S. 94; *Mansel/Buzikiewicz*, Verjährungsrecht, § 1 Rn. 38 f.

310 Die negative Feststellungsklage hilft nur bedingt, zumal sie Kenntnis des Schuldners vom Anspruch voraussetzt, vgl. näher *Panier*, Schadenseinheit, S. 34 f.; *Spiro*, Verjährung, S. 8 f.

deshalb einen größeren Teil des Risikos des Verlusts von Beweismitteln infolge Zeitablaufs. Diesem Ungleichgewicht der Kräfte wirkt die Verjährungseinrede entgegen.[311] Mit ihr kann sich der Schuldner auch dann noch verteidigen, wenn ihm andere Beweismittel infolge Zeitablaufs nicht mehr zur Verfügung stehen.[312]

c. Schutz der Regressmöglichkeiten des Schuldners

Darüber hinaus bedroht der Zeitablauf auch die Regressmöglichkeiten des Schuldners.[313] Auch hier droht ihm insbesondere der Verlust von Beweismitteln, wenngleich diesmal aus der Perspektive des Gläubigers. Der Fall des Regressanspruchs zeigt mithin, dass sich die aus den vorgenannten Gründen fließende Schutzbedürftigkeit des Schuldners beispielsweise auch entlang von Leistungsketten fortsetzt und damit immer weiter verzweigt.

d. Schutz vor nicht oder nicht mehr bestehenden Ansprüchen

Schon im gemeinen Recht wurde angenommen, dass der Gläubiger seine Forderungen regelmäßig nicht lange unverfolgt lassen würde, wäre das Recht nicht „auf irgendeine jetzt nur nicht erweisliche Art aufgehoben worden". Vor allem bei lange nicht verfolgten Geldschulden wurde eine Vermutung der Tilgung diskutiert.[314] Es wurde aber schon damals erkannt, dass diese Vermutung einen erheblichen Zeitablauf voraussetzt[315] und selbst langes Zuwarten durchaus auch auf redlichen Motiven beruhen konnte.[316] Die Motive haben den Gedanken für die frühere dreijährige Verjährungsfrist des Deliktsrecht (§ 852 Abs. 1 a.F.) aufgegriffen, die Vorläufer des heutigen § 199 Abs. 1 war:[317] Es streite die Vermutung

---

311 BGH, Urteil vom 20.04.1993 – X ZR 67/92 juris Rn. 18 = BB 1993, 1395, 1396; *Grothe*, in MüKo, BGB, Vor § 194 Rn. 6; *Spiro*, S. 8 f.; *Oetker* S. 36 m.w.N.; *Kornilakis*, S. 137 f.

312 BGH, Urteil vom 04.05.1955 – VI ZR 37/54 juris Rn. 14 = BGHZ 17, 199, 206; *Panier*, Schadenseinheit, S. 36; *Spiro*, Verjährung, S. 8 ff.; *Peters/Jacoby* in Staudinger, BGB, Vorbem zu §§ 194 ff. Rn. 5; *Schmidt-Räntsch* in Erman, Vor § 194 Rn. 2.

313 *Ellenberger* in Palandt, BGB, Überbl v § 194 Rn. 8.

314 *Friedrich Carl von Savigny*, System des heutigen römischen Rechts, Band 5, Berlin 1841, Seite 268; ähnlich Motive I, S. 291.

315 *Friedrich Carl von Savigny*, System des heutigen römischen Rechts, Band 5, Berlin 1841, Seite 268; kritisch angesichts der Kürze der heutigen regelmäßigen Verjährungsfrist von drei Jahren *Schmidt-Räntsch* in Erman, Vor § 194 Rn. 2; *Panier*, Schadenseinheit, S. 33.

316 Vgl. schon *Friedrich Carl von Savigny*, System des heutigen römischen Rechts, Band 5, Berlin 1841, Seite 270; ferner *Panier*, Schadenseinheit, S. 33; *Spiro*, Verjährung, S. 14.

317 Vgl. *Panier*, Schadenseinheit, S. 34; vgl. auch Motive II, S. 742.

dafür, dass - wenn jemand erst nach Ablauf „einer beträchtlichen Reihe von Jahren seit der angeblichen Verübung der schädigenden Handlung mit einem Entschädigungsanspruch auftritt" - der Anspruch „aus dem ein oder anderen Grunde ungerechtfertigt sei". Der Gedanke beruht auf der Annahme, dass der Zeitablauf bei deliktischen Ansprüchen besonders schnell zu Beweisschwierigkeiten führt.[318] Dieser Gedanke dürfte auch heute noch für die Verjährung deliktischer Ansprüche gelten, und zwar insbesondere für die diesbezüglichen Höchstfristen der § 199 Abs. 2 und 3.[319]

Die Verjährung soll den Schuldner damit also auch vor nicht oder nicht mehr bestehenden Ansprüchen schützen.[320]

Ein solcher Schutz scheint zwar rechtsdogmatisch wegen der Anknüpfung der Verjährung an entstandene Ansprüche ausgeschlossen.[321] In der Prozesspraxis spielt dieser Fall gleichwohl eine wichtige Rolle. Hier kann nämlich häufig offen bleiben, ob ein Anspruch entstanden oder untergegangen ist, wenn jedenfalls feststeht, dass dieser Anspruch sicher verjährt wäre, falls er besteht.[322] Der

---

318 *Panier*, Schadenseinheit, S. 34; *Wurz*, NJW 1960, 470, 471 (der daraus sogar den Schluss zieht, dass nach erfolgreicher Feststellungsklage der Anspruch auf Ersatz eines später eintretenden Folgeschadens auch dann gesondert verjähre, wenn das Feststellungsurteil Folgeschäden erfasst); *Peters*, JZ 1983, 121, 121; ferner *Oetker*, Verjährung, S. 36 f.

319 *Panier*, Schadenseinheit, S. 34.

320 BGH, Urteil vom 28.01.2003 –XI ZR 243/02 juris Rn. 18 = ZIP 2003, 524 (526); BGH, Urteil vom 20.04.1993 – X ZR 67/92juris Rn. 18 = BGHZ 122, 241 = NJW 1993, 2054 (2055); BGH, Urteil vom 04.05.1955 – VI ZR 37/54 juris Rn. 14 = BGHZ 17, 199 (206); vgl. schon *Friedrich Carl von Savigny*, System des heutigen römischen Rechts, Band 5, Berlin 1841, Seite 268; Motive I, S. 291; *Spiro*, S. 8 ff.; *Peters/Zimmermann*, Verjährungsfristen - der Einfluss von Fristen auf Schuldverhältnisse; Möglichkeiten der Vereinheitlichung von Verjährungsfristen, in: Bundesminister der Justiz (Herausgeber), Gutachten und Vorschläge zur Überarbeitung des Schuldrechts, Bd. 1, S. 77 (104); *Bruggner-Wolter*, S. 31 ff.

321 *Peters/Zimmermann*, Verjährungsfristen - der Einfluss von Fristen auf Schuldverhältnisse; Möglichkeiten der Vereinheitlichung von Verjährungsfristen, in: Bundesminister der Justiz (Herausgeber), Gutachten und Vorschläge zur Überarbeitung des Schuldrechts, Bd. 1, S. 77 (104).

322 Vgl. schon Motive I, S. 291: „Der Schwerpunkt der Verjährung liegt nicht darin, dass dem Berechtigten sein gutes Recht entzogen, sondern darin, dass dem Verpflichteten ein Schutzmittel gegeben wird, gegen voraussichtlich unberechtigte Ansprüche ohne ein Eingehen auf die Sache sich zu verteidigen."

Bundesgerichtshof hat dies wiederholt bestätigt.[323] Damit schützt die Verjährung in der Tat auch den zu Unrecht in Anspruch genommenen Nichtschuldner, der durch sie eine einfache und wirkungsvolle Verteidigungsmöglichkeit erhält.

2. Öffentliche Interessen

Die Verjährung dient über das individuelle Interesse des in Anspruch Genommenen hinaus auch öffentlichen Interessen:

a. Rechtsfrieden und Rechtssicherheit

Die Verjährung dient insbesondere dem Rechtsfrieden und der Rechtssicherheit im Allgemeinen.[324] In deren Interesse müssten tatsächlich länger unangefochten fortbestehende Zustände als zu Recht bestehend anerkannt werden, um einer Verdunkelung der Sach- und Rechtslage durch Zeitablauf Grenzen zu setzen.[325] Dieser objektive, im öffentlichen Interesse liegende[326] (auch schon aus der Perspektive des Schuldnerschutzes angesprochene - vgl. oben unter a.) Aspekt wird sogar teilweise als für die Rechtfertigung der Verjährung vorrangig angesehen.[327] Dies bestätigt und erklärt zugleich das Bestehen der Höchstfristen der § 199 Abs. 2 bis 4, das Verbot einer rechtsgeschäftlichen Verlängerung der

---

323 BGH, Urteil vom 28.01.2003 –XI ZR 243/02 juris Rn. 18 = ZIP 2003, 524 (526); BGH, Urteil vom 20.04.1993 – X ZR 67/92juris Rn. 18 = BGHZ 122, 241 = NJW 1993, 2054 (2055); BGH, Urteil vom 04.05.1955 – VI ZR 37/54 juris Rn. 14 = BGHZ 17, 199 (206).

324 BT-Drucks. 14/ 6040, S. 96; Motive I, S. 289; RG, Urteil vom 8.6.1928 – III 426/27 = RGZ 120, 355, 358; BGH, Urteil vom 16.6.1972 – I ZR 154/70 juris Rn. 12 = BGHZ 59, 72, 74; BGH, Urteil vom 8.12.1992 – X ZR 123/90 juris Rn. 26 = NJW-RR 1993, 1059, 1060; *Brox/Walker*, Rn. 668; *Hermann* in HKK, BGB, §§ 194-225 Rn. 14 m.w.N.; *Piekenbrock*, S. 317 f.; *Oetker*, S. 38 ff.; *Bruggner-Wolter*, S. 32; *Grothe*, in MüKo, BGB, Vor § 194 Rn. 7; *Mansel* in Jauernig, BGB, § 194 Rn. 6; skeptisch *Leenen*, § 18 Rn. 5.

325 BGH, Urteil vom 8.12.1992 – X ZR 123/90 juris Rn. 26 = NJW-RR 1993, 1059, 1060; *Ellenberger* in Palandt, BGB, Überbl v § 194 Rn. 8, 9.

326 *Panier*, Schadenseinheit, S. 39; *Piekenbrock*, Verjährung, S. 317; *Ellenberger* in Palandt, BGB, Überbl v § 194 Rn. 8, 9; *Grothe* in MüKo, BGB, Vor § 194 Rn. 7; *Peters/Jacoby* in Staudinger, BGB, Vorbem zu §§ 194 ff. Rn. 7; kritisch *Spiro*, Verjährung, S. 23 f. (nur als Summe der Einzelinteressen).

327 BGH, Urteil vom 16.6.1972 – I ZR 154/70 juris Rn. 12 = BGHZ 59, 72, 74; *Ellenberger*, in: Palandt, BGB, Überbl v § 194 Rn. 9; vgl. schon *Friedrich Carl von Savigny*, System des heutigen römischen Rechts, Band 5, Berlin 1841, Seite 267 f.; kritisch: *Armbrüster*, in: FS HP Westermann, S. 53, 59: *Oetker*, Die Verjährung, 1994, S. 41 ff..

Verjährungsfrist über 30 Jahre hinaus in § 202 Abs. 2 und die fehlende Möglichkeit einer Wiedereinsetzung in den vorigen Stand.[328]

b. Entlastung der Gerichte

Die Verjährung dient im Ergebnis weiter der Justiz, namentlich durch Entlastung der Gerichte, weil sie die Anzahl der Streitigkeiten reduziert[329] und besonders schwierig aufzuklärende lange zurück liegende Ansprüche wenn nicht von vorneherein ausschließt, so aber doch regelmäßig (nämlich bei Erhebung der Verjährungseinrede durch den Beklagten) schnell und ohne umfangreiche Beweiserhebung[330] justiziabel macht.[331] Da das Gesetz aber in § 214 Abs. 1 die Erhebung der Einrede voraussetzt, handelt es sich allerdings insoweit nur um einen Reflex, nicht um einen Verjährungszweck.[332] Andernfalls wäre zu erwarten gewesen, dass der Gesetzgeber die Verjährung so ausgestaltet, dass sie von den Gerichten berücksichtigt werden kann, auch ohne dass sich der Schuldner darauf beruft.[333] Fraglich ist zudem, ob ein auf die Abwehr von Prozessen über

328 Motive I, S. 317; *Grothe* in MüKo, Vor § 194 Rn. 7; zur Nichtübernahme der Wiedereinsetzung in den vorigen Stand in das BGB auch *Riezler* in Staudinger, 5./6. Auflage, § 194 Anm. 13.

329 Einschränkend *Panier*, Schadenseinheit, S. 37, der *„praktisch nur in den seltenen Fällen"* eine klagevermeidende Wirkung sieht, in denen die verjährungsbegründenden Umstände zwischen den Parteien unstreitig sind. Der Gläubiger wird aber von einer Geltendmachung zumindest klar verjährter Ansprüche regelmäßig ganz absehen. Spätestens nach Ablauf eines über die objektiven Maximalfristen hinausgehenden Zeitraums sind aber fast alle Ansprüche klar verjährt.

330 So schon *Friedrich Carl von Savigny*, System des heutigen römischen Rechts, Band 5, Berlin 1841, Seite 272.

331 *Ellenberger* in Palandt, BGB, Überbl v § 194 Rn. 11.

332 *Spiro*, S. 21 ff.; *Peters/Jacoby* in Staudinger, BGB, Vor § 194 Rn. 8; *Wolf* in FS Schumann, S. 579, 581; *Piekenbrock*, S. 318 f. (mit dem Hinweis auf eine mögliche Prozesshäufung durch kurze und insbesondere unklare Verjährungsfristen); *Grothe*, in: MüKo, BGB, Vor § 194 Rn. 8; a.M. *Mansel/Budzikiewicz*, § 1 Rn. 43 (der Einredecharakter sollte nicht überbewertet werden, weil die Einrede einerseits regelmäßig erhoben werde und andererseits ein richterlicher Hinweis auf sie zunehmend für zulässig gehalten werde); *Bruggner-Wolter*, S. 34, meint, es handele sich nicht um den maßgebenden Zweck, diese Wirkung sei aber nicht ohne Bedeutung; *Armbrüster*, in: FS HP Westermann, S. 53, 62 hält das Allgemeininteresse gegenüber dem Individualinteresse für weniger gewichtig, weshalb es zurücktrete, wenn sich der Schuldner nicht auf die Einrede berufe.

333 *Panier*, Schadenseinheit, S. 37; vgl. *Peters/Jacoby* in Staudinger, BGB, Vorbem §§ 194 ff. Rn 8.

ansonsten berechtigte Ansprüche gerichteter Zweck der Verjährung überhaupt in Betracht käme.[334] Dem soll nach teilweise vertretener Auffassung der Justizgewährungsanspruch entgegenstehen.[335] Das kann aber dahinstehen, wenn (wie hier) davon ausgegangen wird, dass es sich dabei nur um eine willkommene Folgewirkung eines auf andere Zwecke gerichteten Instituts handelt.

c. *Steuerung der Wirtschaft durch Anreize*

Wie bereits angeklungen, dient die Verjährung der Wirtschaft im Allgemeinen, nämlich dadurch, dass sie die Geschäftsabwicklung beschleunigt,[336] insbesondere die Geltendmachung von Forderungen,[337] woran ein Bedürfnis mit zunehmender Bedeutung besteht.[338] Im Gewährleistungsrecht ist die Verjährung ein Instrument zur Steuerung des Marktes, indem sie je nach Länge Anreize zur Produktion mehr oder weniger verschleißanfälliger Produkte schafft, die auch die Gesamtproduktion beeinflussen können.[339]

d. *Erziehung und/oder Strafe gegenüber dem Gläubiger?*

Die Verjährung führt dazu, dass der Gläubiger seine Ansprüche beschleunigt - nämlich innerhalb der Verjährungsfrist - verfolgt. Man könnte daher versucht sein, auch die Erziehung des Gläubigers als Verjährungszweck anzuführen.[340]

---

334 Kritisch dazu schon *Friedrich Carl von Savigny*, System des heutigen römischen Rechts, Band 5, Berlin 1841, Seite 272.

335 *Panier*, Schadenseinheit, S. 38 unter Hinweis auf *Piekenbrock*, Verjährung, S. 318. Der Justizgewährungsanspruch ist aber auf eine Durchsetzung bestehender Rechte gerichtet und nicht auf den Erhalt von Rechten. Der Justizgewährungsanspruch dürfte daher einer Konstruktion der Verjährung als rein prozessuale Einrede (z.B. einer reinen Klageverjährung oder eines reinen Beweiserhebungshindernisses) entgegenstehen, aber nicht einer Verjährungseinrede gegen den materiell-rechtlichen Anspruch. Die - hier nicht zu vertiefende - Frage scheint daher vielmehr zu sein, ob ein solcher Verjährungszweck gegenüber Art. 14 GG gerechtfertigt werden könnte. Das erscheint insbesondere dann fraglich, wenn es der einzige Verjährungszweck wäre, was aber nicht der Fall ist.

336 BGH, Urteil vom 18.11.1982 – IX ZR 91/81 juris Rn. 30 = BGH NJW 1983, 388, 390; *Ellenberger* in Palandt, BGB, Überbl v § 194 Rn. 11.

337 *Grothe* in MüKo, BGB, Vor § 194 Rn. 7.

338 *Panier*, Schadenseinheit, S. 39; *Grothe* in MüKo, BGB, Vor § 194 Rn. 7; *Zimmermann*, JuS 1984, 409, 410; *Büdenbender*, JuS 1997, 481, 482; *Spiro*, Verjährung, S. 15.

339 *Grothe*, in: MüKo, BGB, Vor § 194 Rn. 8.

340 *Niedenführ* in Soergel, BGB, Vor § 194 Rn. 2; ablehnend *Panier*, Schadenseinheit, S. 39, der aber auf S. 42 von einer Obliegenheit des Gläubigers spricht.

Mitunter klingt auch der Vorwurf gegenüber dem Gläubiger als Grund oder Rechtfertigung der Verjährung an, er habe sich den Verlust der Forderung durch seine Nachlässigkeit, die in der Nichtgeltendmachung der Forderung liege, selbst zuzuschreiben, die Verjährung wäre mithin eine Art Strafe.[341]

Beides kann schon wegen des fehlenden Erziehungs- bzw. Strafzwecks des Zivilrechts kein Grund für die Verjährung sein.[342] Allerdings ist ein Ansporn zu rechtzeitiger Geltendmachung und damit eine Beschleunigung durchaus anerkannter Nebenzweck der Verjährung.[343] Dies kommt bei einer Qualifizierung als Obliegenheit[344] aber wohl besser zum Ausdruck als in den Begriffen Erziehungs- bzw. Strafzweck.

Dieser Ansatz verdeutlicht ferner einen auch heute häufig wiederholten zutreffenden Gedanken, nämlich den, dass die Verjährung nur eintreten darf, wenn der Gläubiger ausreichend Gelegenheit hatte, sie zu hemmen.[345] Dazu hat der Gläubiger aber regelmäßig erst Veranlassung, wenn er die Leistung fordern konnte und der Schuldner gleichwohl nicht leistet, mithin nach deren Fälligkeit. Die Verjährung sollte also regelmäßig nicht ablaufen, so lange die Fälligkeit fehlt. Das ist grundsätzlich sowohl erreichbar, wenn die Verjährung erst mit Fälligkeit beginnt, als auch dann, wenn sie bis zur Fälligkeit gehemmt ist.[346]

3. Zwischenergebnis

Die Verjährung dient vor allem dem Schutz des in Anspruch Genommenen,[347] und zwar insbesondere vor der Inanspruchnahme aus unbegründeten,

---

341 Vgl. (kritisch) *Friedrich Carl von Savigny*, System des heutigen römischen Rechts, Band 5, Berlin 1841, Seite 269 f.; *Spiro*, Verjährung, S. 20, 28 f.

342 *Panier*, Schadenseinheit, S. 39; *Spiro*, Verjährung, S. 20, 28 f.; *Peters/Jacoby* in Staudinger, BGB, Vorbem §§ 194 ff. Rn. 6.

343 Vgl. BGH Urteil v. 23.11.1994 – XII ZR 150/93 juris Rn. 35 = BGHZ 128, 74; *Hermann* in HKK, BGB, 1. Auflage 2003, §§ 194-225 Rn. 14 m.w.N.; *Mansel* in Jauernig, BGB, § 194 Rn. 6.

344 *Hermann* in HKK, BGB, §§ 194-225 Rn. 15 m.w.N.

345 So schon *Friedrich Carl von Savigny*, System des heutigen römischen Rechts, Band 5, Berlin 1841, Seite 271; ähnlich *Panier*, Schadenseinheit, S. 40; *Spiro*, Verjährung, S. 25, 40; *Merschformann*, S. 94 f.; *Mansel/Budzikiewicz*, § 1 Rn. 56; *Niedenführ* in Soergel, BGB, Vor § 194 Rn. 2; *Grothe* in MüKo, BGB, Vor § 194 Rn. 9; *Kornilakis*, S. 137.

346 Der Gesetzgeber hat das Zusammenspiel von Dauer, Beginn, Hemmung und Unterbrechung der Verjährung für die Angemessenheit der Verjährungsregelung erkannt, vgl. BT-Drs. 14/6040 S. 95.

347 *Grothe* in MüKo, BGB, Vor § 194 Rn. 6; *Neuner*, § 22 Rn. 1.

unbekannten und unerwarteten Forderungen.[348] Umfasst ist also nicht zuletzt der zu Unrecht in Anspruch Genommene.[349] Der Schuldner soll vor zunehmender Beweiserschwernis und gegen die Notwendigkeit langfristiger Rückstellungen infolge verzögerter Geltendmachung durch den Gläubiger geschützt werden.[350] Darüber hinaus dient die Verjährung auch öffentlichen Interessen, insbesondere der Rechtssicherheit.[351] Diesen Zwecken kann sie nur gerecht werden, wenn nicht an die Stelle des Streits über den Anspruch einer über die Voraussetzungen der Verjährung tritt. Die Voraussetzungen der Verjährung müssen deshalb möglichst eindeutig und einfach sowie sicher nachvollziehbar sein.[352] Dazu sollte die Regelung einerseits möglichst eng an ihrem Wortlaut ausgelegt werden, mit der Regelungssystematik des BGB im Übrigen übereinstimmen und es sollten keine Anforderungen gestellt werden, die komplexe Ausnahmen erforderlich machen oder an Umstände außerhalb des materiellen Zivilrechts anknüpfen. All dies ist nur gewährleistet, wenn die Entstehung des Anspruchs unabhängig vom Bestehen von Leistungsverweigerungsrechten und der Klagbarkeit beurteilt wird. Insbesondere auf die Fälligkeit kommt es für die Entstehung des Anspruchs damit nicht an.[353] Eine Benachteiligung des Gläubigers liegt darin nicht, wenn und soweit die Zeit, in der es an der Fälligkeit fehlt, zur Hemmung der Verjährung führt.

---

348 BT-Drucks. 14/6040 S. 96, 100; Motive I, S. 291; BGH, Urteil vom 18.11.1982 – IX ZR 91/81 = NJW 1983, 388, 390; BGH, Urteil vom 20.4.1993 - X ZR 67/92 = BB 1993, 1395, 1396; BGH, Urteil vom 20.04.1993 – X ZR 67/92 = BGHZ 122, 244 = NJW 1993, 2054, 2055; *Spiro* § 4 ff.; *Moufang*, S. 73 ff.; *Bruggner-Wolter*, S. 31 f.; *Wolf* in FS Schumann, S. 579, 580; *Piekenbrock*, S. 326 ff.; *Grothe* in MüKo, BGB, Vor § 194 Rn. 6; *Henrich* in BeckOK, BGB, § 194 Rn. 1.

349 BGH, Urteil vom 20.04.1993 – X ZR 67/92 = BGHZ 122, 244 = NJW 1993, 2054, 2055; Motive I, S. 291; *Ellenberger* in Palandt, BGB, Überbl v § 194 Rn. 7; ob darin oder im Schutz des wirklichen Schuldners der Schwerpunkt liegt, ist umstritten (vgl. *Moufang*, S. 74 m.w.N.), kann aber hier dahinstehen.

350 Vgl. schon oben E.V.1.a und E.V.1.b.

351 Vgl. auch *Panier*, Schadenseinheit, S. 41; RGZ 106, 82 (84).

352 BT-Drucks. 14/6040 S. 96; *Panier*, Schadenseinheit, S. 37 f.; *Mansel/Budzikiewicz*, § 1 Rn. 44.

353 Dies hat zudem den Vorteil, dass der Verjährungsbeginn an den Zeitpunkt angeknüpft wird, von dem an die sich die Beweisschwierigkeiten der Parteien zunehmend verschlechtern, nämlich dem Zeitpunkt des erstmaligen Vorliegens der Anspruchsvoraussetzungen und nicht der Fälligkeit, ähnlich auch *Unterrieder*, S. 299.

VI. Verfassungskonforme Auslegung

Art. 14 GG schützt auch die vermögensrechtliche[354] Forderung des Gläubigers.[355] Soweit sie solche Forderungen einschränken, können daher auch Normen des Privatrechts Eigentumseingriffe darstellen.[356] Normen, die die Durchsetzbarkeit von Ansprüchen wegen Verjährung zeitlich begrenzen, kommen daher als Eigentumseingriffe in Betracht.[357] Als solche müssen Sie dem Grundsatz der Verhältnismäßigkeit Rechnung tragen.[358] Die Eigentumsposition wird dem Gläubiger durch die Verjährung nahezu vollständig genommen, und zwar – wie aufgezeigt, hauptsächlich aus Gründen des Schuldnerschutzes und der Rechtssicherheit.[359] Der Schuldner kann sich auf den verfassungsrechtlichen Anspruch auf ein faires Verfahren berufen,[360] mit dem die zeitlich unbeschränkte Möglichkeit der Geltendmachung aus den genannten Gründen (vgl. oben IV 1 a) nicht vereinbar sein dürfte. Damit trägt der Gläubiger einseitig die Lasten dieser Zwecke.[361] Er

---

354 Nichtvermögensrechtliche Ansprüche werden u.a. durch Art. 2 und 6 GG geschützt, vgl. *Neuner*, § 22 Rn. 2.

355 BVerfG, Urteil vom 08.07.1976 – 1 BvL 19, 20/75, 1 BvR 148/75 = E 42, 263 (293) = NJW 1976, 1783, 1785 f.; BVerfG, Beschluss vom 08.06.1977 – 2 BvR 499/74, 1042/75 = E 45, 142 (179) = NJW 1977, 2024, 2027f.; BVerfG, Beschluss vom 07.12.2004 – 1 BvR 1804/03 = E 112, 93 (108) = NJW 2005, 879,880; BVerfG, Beschluss vom 25.04.2001 – 1 BvR 132/01 = NJW 2001, 2159; *Wendt* in Sachs, Art. 14 GG Rn. 24; *Oetker*, Verjährung, S. 19 Anm. 32; *Ellenberger* in Palandt, BGB, Überbl vor § 194 Rn. 7; *Peters/Jacoby* in Staudinger, BGB, Vorbem zu §§ 194 ff. Rn. 8; *Grothe* in MüKo, BGB, Vor § 194 Rn. 9; *Neuner*, § 22 Rn. 2; *Budzikiewicz* in NK-BGB, Vor §§ 194-218 Rn. 36; *Mansel* in Jauernig, BGB, § 194 Rn. 6; *Wolf* in FS Schumann, S. 579, 581. Bei nicht vermögensrechtlichen Ansprüchen greifen regelmäßig andere Grundrechte ein, so bei familienrechtlichen Ansprüchen etwa Art. 6 GG, stets dürften zumindest Art. 2 und 3 GG relevant sein; verfassungsrechtliche Bedenken gegenüber einer kenntnisunabhängigen dreijährigen Verjährungsfrist äußern *Zimmermann/Leenen/Mansel/Ernst*, JZ 2001, 684, 684 f. Anm. 11.

356 BVerfG, Beschluss vom 15.07.1981 – 1 BvL 77/78 = E 58, 300 (330 f.) = NJW 1982, 745.

357 *Neuner*, § 22 Rn. 2 mwN.; *Schmal/Trapp*, NJW 2015, 6, 9.

358 BVerfG, Beschluss vom 10.02.1987 – 1 BvL 15/83 = E 74, 203 (214) = NJW 1987, 1930; *Neuner*, § 22 Rn. 2; *Schmal/Trapp* aaO. weisen zutreffend, darauf hin, dass es an einem Eingriff nicht etwa deshalb fehlt, weil der Gläubiger seinen Anspruch durch Untätigkeit aufgegeben habe (in diese Richtung aber *Spiro*, S. 25).

359 Zu den Verjährungszwecken im Einzelnen bereits oben E.V.

360 *Kornilakis*, S. 33 f.; *Panier*, Schadenseinheit, S. 40; *Neuner*, § 22 Rn. 2.

361 *Panier*, Schadenseinheit, S. 40; vgl. auch schon Motive I, S. 291 mit dem Hinweis, dass die Nichtgeltendmachung auf ein geringes Interesse schließen lasse, welches wiederum den Verlust nicht als besonders hart erscheinen lasse.

sollte deshalb grundsätzlich zumindest eine faire Chance zur Geltendmachung seines Anspruchs haben.[362] Dazu genügt die Gelegenheit, die Existenz seiner Forderung zu erkennen, ihre Berechtigung zu prüfen, Beweismittel zu sammeln und die gerichtliche Durchsetzung vorzubereiten.[363] Es bestehen verschiedene Möglichkeiten dafür Sorge zu tragen: Denkbar ist, dass die Fristen entsprechend lang bemessen werden, oder, dass Kenntnis oder Erkennbarkeit der Forderung den Beginn der Verjährungsfrist oder eine Ablaufhemmung beeinflussen.[364] Eine Anknüpfung des Verjährungsbeginns an die Entstehung des Anspruchs ist hingegen unproblematisch, auch wenn die fehlende Fälligkeit zwar die Entstehung des Anspruchs nicht hindert, aber zu einer Hemmung der Verjährung führt und deshalb die Verjährung nicht abläuft und folglich auch vor einer Möglichkeit der Geltendmachung nicht eintritt.[365]

VII. Zusammenfassung, Stellungnahme und Zwischenergebnis

1. Zusammenfassung

a. Wortlaut

Der Wortlaut der Regelung ist nach allgemeinem Sprachgebrauch nicht eindeutig. Danach kommen verschiedene Auslegungen in Betracht: Zunächst als frühester Zeitpunkt derjenige, zu dem erstmals der gesetzliche Tatbestand der Anspruchsnorm verwirklicht ist. Sodann zweitens der Zeitpunkt, zu dem zusätzlich etwaige Bedingungen und/oder ein Anfangstermin für den Anspruch vorliegen. Drittens kann es auf die Freiheit von rechtshindernden oder rechtsvernichtenden Einwendungen ankommen, viertens auf den Zeitpunkt der Fälligkeit, fünftens auf den Zeitpunkt der völligen Einredefreiheit, und sechstens der (möglicherweise mit einem der anderen zusammenfallende) Zeitpunkt, zu dem erstmals die zumutbare Möglichkeit der Erhebung einer Klage besteht. Der allgemeine juristische Sprachgebrauch außerhalb des Verjährungsrecht versteht die Entstehung des Anspruchs grundsätzlich im Sinne des zuerst genannten

362 *Grothe* in MüKo, BGB, Vor § 194 Rn. 9; *Ellenberger* in Palandt, BGB, Vor § 194 Rn. 10; *Neuner*, § 22 Rn. 2; *Schmal/Trapp*, NJW 2015, 6, 10.

363 BT-Drs. 14/6040 S. 95.

364 *Grothe* in MüKo, BGB, Vor § 194 Rn. 9.

365 Dies wird noch dadurch verstärkt, dass im Regelfall die Verjährung noch von einem weiteren, nämlich dem subjektiven Element abhängt, vgl. *Schmal/Trapp*, NJW 2015, 6, 10.

Zeitpunkts, allenfalls kann die Freiheit von rechtshindernden Einwendungen die Entstehung des Anspruchs berühren und deshalb auch der zweite und dritte Zeitpunkt relevant sein. Die heute allgemein vertretene Auffassung vom Verständnis des § 199 Abs. 1 Nr. 1, wonach grundsätzlich der unter viertens und sechstens beschriebene Zeitpunkt maßgeblich sein soll, zeigt aber, dass der Wortlaut nicht eindeutig ist.

b. Regelungszusammenhang

Das BGB betrachtet in einer Vielzahl von Vorschriften auch einredebehaftete Forderungen als entstanden. Das gilt sowohl beim Bestehen von dilatorischen, als auch beim Bestehen von peremtorischen Einreden. Dieses Ergebnis liegt im Rahmen der allgemeinen Wortbedeutung und bestätigt das Ergebnis des juristischen Sprachgebrauchs. Zur Frage, ob das Fehlen von rechtshindernden Einwendungen Voraussetzung der Entstehung des Anspruchs ist, ist der Regelungszusammenhang zwar nicht eindeutig. Der Hemmung verbleibt aber nur dann ein relevanter Anwendungsbereich, wenn die darin benannten Anknüpfungspunkte nicht in den allermeisten Fällen schon bereits der Entstehung des Anspruchs entgegenstehen.

c. Regelungsabsicht des Gesetzgebers, Rechtslage vor der Schuldrechtsreform, objektiv-teleologische Kriterien

Der Gesetzgeber hat sich bewusst für eine Gesetzesfassung entschieden, die nicht an die Fälligkeit anknüpft, sondern an die Entstehung des Anspruchs. Dies ist wie aufgezeigt in dem Bewusstsein erfolgt, dass die Anknüpfung an die Fälligkeit nicht in allen Fällen gerechtfertigt ist. Dabei ging der Gesetzgeber zwar von einem allgemeinen Verständnis der Entstehung des Anspruchs aus, das jedenfalls regelmäßig an die Fälligkeit anknüpft. Dieses allgemeine Verständnis beruht jedoch wie aufgezeigt auf einer nicht zutreffenden Vorstellung der Entstehungsgeschichte und der Konstruktion des § 198 a.F.

Nach dem ausdrücklichen Willen des Gesetzgebers muss die Regelung des Verjährungsrechts auch der Rechtssicherheit dienen und deshalb möglichst einfach und klar sein, also nicht nur dem Gläubiger und dem Schuldner, sondern auch ihren Rechtsanwälten und den Gerichten praktikable Regeln an die Hand geben, mit denen sich verjährte von unverjährten Forderungen unterscheiden lassen.[366] Das ist nicht der Fall, wenn die Entstehung des Anspruchs in

366 BT-Drs. 14/6040 S. 96; BT-Drs. 14/7052, S. 178.

einigen, aber nicht in allen Fällen an den überdies unklaren Begriff der Fälligkeit anknüpft und zudem regelmäßig von der Möglichkeit der Erhebung einer Leistungsklage abhängig gemacht wird, in manchen Fällen aber auch die Feststellungsklage genügen soll.

2. Stellungnahme

a. *Prozessuale Ansätze*

Die am häufigsten vertretenen Ansätze zum Beginn der Verjährung stellen in unterschiedlichen Nuancen auf die Frage ab, ob Klage erhoben werden könne.

Dieser Ansatz (im Folgenden: prozessuale Definitionen) berücksichtigt die wichtige Trennung von materiellem Recht und Prozessrecht und insbesondere ihren Ausgangspunkt, nämlich die Abwendung von der Klageverjährung hin zur Anspruchsverjährung, nicht ausreichend.

Diese Trennung hatten die Verfasser des BGB noch klar vor Augen. Die Motive beginnen ihre Erläuterungen zu § 158 mit folgender Feststellung: *„Wird davon ausgegangen, dass der Anspruch, nicht das Klagerecht verjährt, so kann für den Beginn der Verjährung nicht der Zeitpunkt maßgebend sein, mit welchem die Befugnis zur Klageerhebung gegeben [...] ist, sondern nur der Zeitpunkt, von welchem ab die Befriedigung des Anspruchs rechtlich verlangt werden kann.“*[367]

Die Bedenklichkeit der prozessualen Definitionen belegt auch folgende Überlegung: Die Frage, ob eine Klage - gleich ob Feststellungs- oder Leistungsklage - sinnvoll erhoben werden kann, setzt das Vorliegen der materiell-rechtlichen Tatbestandsmerkmale und das Fehlen von Einwendungen und Einreden voraus. So erscheint eine Leistungsklage nur sinnvoll, wenn ein durchsetzbarer materiell-rechtlicher Anspruch besteht. Erhoben werden kann eine Leistungsklage allerdings auch, wenn sie unbegründet oder unzulässig ist. Sie ist dann eben abzuweisen. Das wird man zwar dem Gläubiger nicht zumuten wollen, möglich ist eine solche Leistungsklage aber nahezu immer. Die prozessualen Definitionen machen aber gerade nicht allein die Möglichkeit einer zulässigen und begründeten Klage zur Voraussetzung. Damit wäre auch ein viel zu großer Prüfungsaufwand verbunden, so dass dies unpraktikabel wäre. Genügt aber jede - auch die aussichtslose - Klagemöglichkeit, dann verliert das Kriterium jede Unterscheidungskraft. Also bedarf es einer näheren Festlegung, welcher Art die Klagemöglichkeit sein muss, um für den Verjährungsbeginn zu genügen. Dann hängt aber im Ergebnis der Verjährungsbeginn des materiellen Rechts

367 Motive I, S. 307.

von prozessualen Fragestellungen ab. Das ist mit der Trennung von materiellem Recht und Prozessrecht unvereinbar.

Diejenigen prozessualen Definitionen, die auch die Feststellungklage einbeziehen, setzen sich zudem dem Vorwurf eines Zirkelschlusses aus: Die Feststellungsklage verlangt das Bestehen eines feststellungsfähigen Rechtsverhältnisses und ein Feststellungsinteresse. Letzteres besteht insbesondere auch dann, wenn die Feststellungsklage zur Hemmung der Verjährung notwendig ist, weil eine Leistungsklage ausnahmsweise noch nicht sinnvoll erhoben werden kann.[368] Eine solche Feststellungsklage ist aber frühestens zur Verjährungshemmung notwendig, wenn die Verjährung i.S.d. § 199 Abs. 1 Nr. 1 begonnen hat. Dann ist aber die Definition, ein Anspruch sei i.S.d. § 199 Abs. 1 Nr. 1 entstanden, wenn Leistungs- oder Feststellungsklage erhoben werden kann, tautologisch.[369] Jedenfalls führen die „prozessualen Definitionsmerkmale" nicht wirklich zur Erhellung des Gemeinten; im Gegenteil werfen sie prozessuale Folgefragen auf. Es erscheint daher sinnvoll, auf die prozessuale Komponente bei der Definition des Begriffs der Entstehung des Anspruchs zu verzichten, soweit eine Festlegung des Zeitpunkts der Entstehung des Anspruchs auch ohne diese möglich ist.

b. Fälligkeitsansatz

aa. Unklarheit des Fälligkeitsbegriffs

Der immer wieder als Voraussetzung der Anspruchsentstehung diskutierte Zeitpunkt der Fälligkeit war – wie auch der historische Gesetzgeber erkannt und diesen deshalb abgelehnt hat - bei Entstehung des BGB noch unklar.[370] Das Reichsgericht hat sich im Anschluss um eine Definition bemüht. Danach ist eine Leistung fällig, sobald der Schuldner sie bewirken soll und der Gläubiger sie fordern darf, mithin eine Verpflichtung, sie zu bewirken, besteht.[371] Ähnlich

---

368 Vgl. BGH, Urteil vom 23.04.1991 – X ZR 77/89 = NJW 1991, 2707, 2708; BGH, Urteil vom 21.07.2005 – IX ZR 49/02 = NJW 2005, 3275, 3276; *Foerste* in Musielak/Voit, ZPO, § 256 Rn. 10, 33.

369 Zu dem gleichen Schluss kommt - allerdings aus der Perspektive des Feststellungsinteresses - *Panier*, Der Grundsatz der Schadenseinheit, Frankfurt am Main 2009, S. 162 unter Hinweis auf *Peters* JZ 1983, 121, 122; *Spiro*, Verjährung, S. 40 Fn. 11.

370 Vgl. schon *Windscheid/Kipp*, Pandekten I, § 47 Anm. 4, § 107 Fn. 7 und § 109 Fn. 3 jeweils zur Frage, wann ein befristeter Anspruch entsteht und zur Abgrenzung zwischen befristetem und gestundetem Anspruch.

371 *RG*, WarnRspr 1914, Nr. 276; *Warneyer*, BGB, 2. Auflage 1926, § 284 Anm. 2.

definiert den Begriff die heute überwiegend vertretene Auffassung.[372] Fällig sei ein Anspruch zu dem Zeitpunkt, ab dem der Schuldner leisten müsse, im Gegensatz zum Zeitpunkt der Entstehung des Anspruchs, der den Schuldner ohne Fälligkeitseintritt noch zu keiner Leistung verpflichte.[373] Das klingt zunächst recht klar. Fraglich ist aber schon das Verhältnis der Fälligkeit zum Leistungsverweigerungsrecht des Schuldners. Soweit ein solches besteht, darf der Schuldner die Leistung ja verweigern und muss folglich gerade nicht leisten. Gleichwohl soll aber Fälligkeit zum Beispiel gegeben sein, wenn die Einrede des nicht erfüllten Vertrages eingreift.[374] Noch bis in die heutige Zeit wird daher auch die Auffassung vertreten, der Begriff der Fälligkeit sei mehrdeutig und von geringem Wert, die Rechtstheorie solle sogar auf den Begriff verzichten:[375] In §§ 273, 291, 366 II, 770 II, 1087 I und 1228 (a.F.) werde der Begriff in der regelmäßigen Bedeutung verwendet und bezeichne den Zeitpunkt, mit dessen Ablauf der Schuldner säumig werde,[376] von wo an der Anspruch also durchsetzbar ist. In §§ 257, 272, 609 und 1193 (a.F.) beschreibe der Begriff den Fall, dass die Leistungszeit eintrat und die Schuld damit rückständig ist,[377] auch wenn der Schuldner nicht säumig sein sollte. Daneben verwende das Gesetz den Anspruch auch noch in einer zwischen diesen Fallgruppen liegenden Bedeutung, bei der Fälligkeit vorliege, wenn die Voraussetzungen der Säumnis erfüllt, aber einzelne Voraussetzungen der Säumnis entbehrlich sind. Das sei bei § 284 (a.F.) der Fall, bei dem der Entschuldigungsgrund des § 285 (a.F.) die Säumnis, nicht aber die Fälligkeit im hier interessierenden Sinne ausschließt, der Verzug aber auch ohne weitere Mahnung eintrete, sobald der Entschuldigungsgrund entfalle.[378]

Bereits dies zeigt, dass die Anknüpfung des Verjährungsbeginns an die Fälligkeit, für den das Gesetz nach seinem Wortlaut eigentlich nur auf die Entstehung

---

372 Vgl. nur *Grüneberg* in Palandt, BGB, § 271 Rn. 1 m.w.N. („Zeitpunkt, von dem ab der Gläubiger die Leistung verlangen kann").

373 *Knops*, AcP 205 (2005), 821, 824.

374 Vgl. oben Fn. 40 und E.IV.2.bE.IV.2.b.

375 *Gernhuber*, § 3 I 4; *Peters/Zimmermann*, S. 245, halten den Begriff der Fälligkeit hingegen für hinreichend geklärt.

376 Unter Säumnis versteht *Gernhuber* (§ 3 I 3) die Nichtleistung trotz aktueller Leistungspflicht; dem stellt er gleich den Fall fehlender Leistungsbereitschaft bei ausstehender Mitwirkung des Gläubigers.

377 Unter Rückständigkeit versteht *Gernhuber* (§ 3 I 3) die Situation nach Eintritt der Leistungszeit bei fehlender Erfüllungsfähigkeit des Anspruchs, Einredebehaftung oder mangelndem Verschulden des Schuldners.

378 *Gernhuber*, § 3 I 4.

des Anspruchs zugreift, keinen Erkenntnisgewinn, sondern eine Verwässerung des Tatbestands bedeutet. Dies gilt erst recht, wenn man – wie es die ganz überwiegende Auffassung tut - sodann von der Fälligkeit wieder Rückausnahmen vornimmt, z.B. um dem Grundsatz der Schadenseinheit gerecht zu werden.

Mit den Anforderungen an Rechtssicherheit und -klarheit, die an den Verjährungsbeginn zu stellen sind, ist das nicht vereinbar. Diese Anforderungen entsprechen aber dem erklärten Willen des Gesetzgebers. Dies steht im Widerstreit mit dessen gleichfalls geäußerter Vorstellung, unter Entstehung des Anspruchs sei in der Regel Fälligkeit zu verstehen.

bb. Abgrenzung gleichrangiger Tatbestände

Legt man den Begriff der Entstehung des Anspruchs so aus, dass er von der Fälligkeit des Anspruchs abhängt, dann verbleibt für die Hemmung kein relevanter Anwendungsbereich, weil in den allermeisten Fällen schon die Entstehung des Anspruchs fehlt und es gar keiner Hemmung mehr bedarf.

Dem könnte ein Grundsatz entgegenstehen, wonach bei der Auslegung darauf zu achten ist, dass gleichrangigen Tatbeständen noch ein real bedeutsamer Anwendungsbereich verbleibt.[379] Dieses Argument sprach insbesondere für das Recht vor der Schuldrechtsreform gegen die Fälligkeit als Voraussetzung der Entstehung eines Anspruchs. Die damalige Hemmungsregelung war weit gefasst und nannte einzelne Ausnahmen ausdrücklich.

Ließe sich feststellen, dass der Wille des Gesetzgebers der Schuldrechtsreform dahin geht, die Fälligkeit zur Voraussetzung der Anspruchsentstehung zu machen, dann wäre die Marginalisierung des Hemmungstatbestands kein Argument. Ein solcher Wille ist aber nicht feststellbar. Der Gesetzgeber hat die Fälligkeit aus dem Wortlaut getilgt und wollte sie gerade nicht allgemein zur Voraussetzung erklären. In dem Umfang, in dem der Gesetzgeber eine solche Anknüpfung nach der Begründung beibehalten wissen wollte, folgte der Gesetzgeber einer allgemein vertretenen Auffassung, die unzutreffend ist. Insoweit ging der Gesetzgeber also bei der Novellierung des Verjährungsrechts von einer fehlerhaften Vorstellung aus.

Deshalb spricht – ohne zu viel vorwegnehmen zu wollen[380] – auch das Verhältnis von Anspruchsentstehung und Hemmung gegen die Fälligkeit als Voraussetzung der Anspruchsentstehung.

---

379 *Bydlinski*, Methodenlehre, S. 464.

380 Vgl. näher zur Hemmung unten F.

cc. *Bruch mit dem dogmatischen System der Ansprüche*

Wie aufgezeigt, kommt der juristische Sprachgebrauch zu einem Ergebnis, das mit dem Wortlaut des § 198 a.F. bzw. § 199 Abs. 1 Nr. 1 vereinbar ist und dem Willen des Gesetzgebers entspricht. Dieses Ergebnis fügt sich in den Regelungszusammenhang des BGB ein und ist mit der dogmatischen Grundkonstruktion der Anspruchslehre vereinbar. Demgegenüber bricht die Auffassung von der Fälligkeit als Voraussetzung der Entstehung des Anspruchs mit alldem.[381]

dd. *Darlegungs- und Beweislast*

Die Folge der jeweiligen Einordnung für die Darlegungs- und Beweislast wird in der Diskussion bislang überhaupt nicht berücksichtigt.[382]

Aus der Rechtsnatur der Verjährung als Einrede folgt, dass ihre tatbestandlichen Voraussetzungen von demjenigen darzulegen und zu beweisen sind, der sich auf Verjährung beruft.[383] Soweit sich der Gläubiger auf eine Hemmung wegen des Bestehens eines Leistungsverweigerungsrechts des Schuldners berufen will, muss er das Vorliegen darlegen und beweisen.[384] Je nachdem, ob man die Fälligkeit also in § 199 Abs. 1 Nr. 1 oder in § 205 verortet, ändert man damit zugleich die Darlegungs- und Beweislast. Bei unbefangener Betrachtung erscheint es aber allein angemessen, dass der Gläubiger die fehlende Fälligkeit darzulegen und zu beweisen hat, wenn er dieses Argument verwenden will, um sich gegen die Verjährungseinrede zu verteidigen.[385] Dem Schuldner sollte im Interesse der Verjährungszwecke nur Darlegung und Beweis der Entstehung des Anspruchs im hier vertretenen Sinne auferlegt werden. Dies steht im Einklang mit dem allgemeinen Grundsatz, dass jeder die für ihn günstigen Voraussetzungen darzulegen und zu beweisen hat.

---

381 *Mansel/Budzikiewicz*, § 3 Rn. 77 f. erkennen den Widerspruch anscheinend auch und sprechen wohl deshalb von einer „Entstehung des Anspruchs im Sinne des Verjährungsrechts", die sich also offenbar von der Entstehung des Anspruch im Übrigen unterscheidet.

382 Eine solche Argumentation ist anders als diejenige, die die Entstehung des Anspruchs von der Möglichkeit der Erhebung einer Klage abhängig machen will (dazu oben E.VII.2.a), unproblematisch, weil sie nicht die Existenz materieller Ansprüche von prozessualen Möglichkeiten abhängig macht.

383 *Kessen* in Baumgärtel/Laumen/Prütting Vor §§ 194 Rn. 1 m.w.N.

384 *Kessen* in Baumgärtel/Laumen/Prütting Vor §§ 194 Rn. 2 und § 205 Rn. 1.

385 Vgl. zur Frage der Darlegungs- und Beweislast für die Fälligkeit unabhängig vom Verjährungsrecht *Roth*, § 18 I mwN.

c. *Rechtssicherheit aufgrund gefestigter Rechtsprechung?*

Nachdem gerade die Rechtssicherheit einen wesentlichen Aspekt im Bereich des Verjährungsrechts darstellt, bleibt zu fragen, ob nicht die allgemein vertretene Auffassung womöglich deshalb vorzuziehen ist, weil sie auf eine jahrzehntelange gefestigte Rechtsprechung gestützt ist. Das ist im Sinne einer praktischen Rechtssicherheit gewiss ein beachtliches Moment. Darunter fällt nämlich auch ein Dauer-, Kontinuitäts- oder Stabilitätsinteresse am Fortbestand des bestehenden Rechts.[386] Indessen ist die allgemein vertretene Auffassung wie aufgezeigt in sich so wenig klar und eindeutig, dass trotz der langen Dauer, für die sie bestanden hat, der Rechtssicherheit durch einen weiteren Fortbestand kein Dienst erwiesen würde. Dessen ungeachtet kann die bloße Dauer, für die eine bestimmte Auffassung bestanden hat, ihren weiteren Fortbestand allein nie rechtfertigen. Dafür bedarf es vielmehr Argumente in der Sache, an denen es jedoch vorliegend mangelt.

d. *Folgen für ausgewählte Sonderfälle*

aa. *Bedingung und Zeitbestimmung*

Festzuhalten ist zunächst, dass zwischen befristeten und betagten Ansprüchen zu unterscheiden ist.[387] Während die erstgenannten Forderungen in ihrem Bestand vom Eintritt des Termins abhängen, trifft das für die letztgenannten nur hinsichtlich der Fälligkeit zu.[388] Was im Einzelfall gewollt ist, muss im Wege der Auslegung ermittelt werden.[389] Für eine solche Differenzierung spricht bereits, dass das Gesetz selbst entsprechend unterscheidet, nämlich in § 163 einerseits und § 271 andererseits. Auch die Gesetzesmaterialien gehen von einer solchen Unterscheidung aus.[390] Sie kann aus verjährungsrechtlicher

---

386 *Scholz*, S. 29.

387 *Ellenberger* in Palandt, § 163 Rn. 2; *Bork* in Staudinger, § 163 Rn. 2; a.A. noch Enneccerus/*Nipperdey* § 199 II, insbesondere Fn.5; *Flume*, § 41 („... *eine solche Unterscheidung ist zwar gedanklich möglich, sie ist aber für die Rechtsanwendung ohne Sinn und wird heute allgemein mit Recht verworfen.*"); *Blomeyer*, Studien I, S. 15 ff.; *Windscheid*, Pandektenrecht I § 96; *Eneccerus*, Rechtsgeschäft, Bedingung und Anfangstermin II, 307 ff.

388 *Bork* in Staudinger, § 163 Rn. 2.

389 *Mansel* in Jauernig, § 163 Rn. 1; *Bork* in Staudinger, § 163 Rn. 2.

390 *Jakobs/Schubert*, S. 844 f., 855 f. (danach sollte ursprünglich klargestellt werden, dass der Termin nur dann die für die Wirkung des Rechtsgeschäfts Bedeutung haben soll, wenn das vereinbart ist, und sonst die rechtliche Wirksamkeit sofort eintrete und nur die Geltendmachung hinausgeschoben ist); aaO. S. 864 (von der Klarstellung wurde

Sicht zwar dahinstehen, wenn man entweder schon die Fälligkeit zur Voraussetzung der Entstehung eines Anspruchs macht (fällig sind unter einer zukünftigen Zeitbestimmung vereinbarte Ansprüche bis zum Eintritt des Zeitpunkts sicher nicht)[391] oder wenn man sich entschließt, auch bedingte (inkl. § 163) Ansprüche als entstanden i.S.d. Verjährungsrechts anzusehen.

Beides ist indessen abzulehnen: Die Fälligkeit ist einerseits wie dargestellt keine Voraussetzung der Entstehung des Anspruchs. Bedingte und befristete Ansprüche sind andererseits nach der klaren Vorstellung des Gesetzgebers noch nicht entstanden. Der Gesetzgeber hat die dies ausdrücklich klarstellende Regelung in § 158 Abs. 2 E I nur gestrichen, weil er sie für selbstverständlich und damit überflüssig hielt.[392]

Deshalb ist für die Verjährung zu unterscheiden, ob ein bedingter oder befristeter Anspruch vorliegt (dann ist wegen §§ 158 Abs. 1, 163 bis zum Eintritt der Bedingung oder der Zeit der Anspruch nicht entstanden und hat die Verjährung folglich auch noch nicht begonnen),[393] oder nur die Fälligkeit mit der Folge aufgeschoben wurde, dass der Anspruch entstanden, aber die Verjährung bis zum Fälligkeitstermin gehemmt ist (zu letzterem vgl. sogleich unter F).[394]

bb. Grundsatz der Schadenseinheit

Der Gesetzgeber hat sich bewusst dazu entschieden, den Grundsatz der Schadenseinheit beizubehalten.[395] Um dies zu ermöglichen, ist er von der Nennung der Voraussetzung der Fälligkeit für den Beginn der Verjährung abgewichen.[396]

---

abgesehen, weil man nur den Fall für regelungsbedürftig hielt, dass gerade für die Wirkung des Rechtsgeschäfts eine Anfangstermin gesetzt werden soll).

391 Auffallend viele der frühen Vertreter der Fälligkeit als Voraussetzung der Entstehung eines Anspruchs bestritten zugleich die Unterscheidung zwischen befristeten und betagten Ansprüchen, vgl. die Nachweise bei Eneccerus/*Nipperdey* § 199 II Fn. 5.

392 Protokolle I, S. 210; *v. Feldmann* in MüKo, BGB, 3. Auflage, § 198 Rn. 2; vgl. auch bereits oben E.IV.7.aa(1)(b).

393 *Eck*, § 45 S. 205; *Endemann*, § 91 I, S. 389; *Cosack/Mitteis*, § 116 I 1 a, S. 116; *Goldmann/Lilienthal*, § 62 Anm. II zu § 198; *Heinrichs* in Palandt, BGB, 59. Auflage, § 198 Rn. 1; *Hübner*, Rn. 1377; *Planck* § 198 Anm. 1; *v. Feldmann* in MüKo, BGB, 3. Auflage, § 198 Rdn. 2; *Gierke*, JheringsJ. 64, 355, 368 (ein Forderungsrecht bestehe bereits, ein Anspruch aber noch nicht).

394 So schon *Goldmann/Lilienthal*, § 62 Anm. II zu § 198; *Planck*, § 198 Anm. 1.

395 Ob dies zu begrüßen ist, kann hier dahinstehen, vgl. dazu kritisch *Mansel/Budzikiewicz* § 3 Rn. 82 m.w.N.

396 BT-Drs. 14/7052, S. 180.

Die hier vertretene Auffassung bringt diesen gesetzgeberischen Willen voll zur Geltung.[397] Ein Schadensersatzanspruch ist entstanden, sobald die tatbestandlichen Voraussetzungen der Anspruchsnorm vorliegen und irgendein Schaden eingetreten ist. Da Schadensersatz nach dem Grundsatz der Schadenseinheit auf einem einheitlichen Anspruch beruht und nicht mit jedem weiteren Schaden ein neuer Schadensersatzanspruch entsteht, verjährt der Schadensersatzanspruch (auch hinsichtlich zukünftiger Schäden) einheitlich. Dies folgt bereits aus dem Verjährungsbeginn mit Entstehung des Anspruchs (also unabhängig von dessen Fälligkeit) und bedarf nach der hier vertretenen Auffassung anders als nach der bislang allgemein vertretenen abweichenden Auffassung auch keiner systemwidrigen Ausnahme vom Verjährungsbeginn.

cc. Verhaltene Ansprüche

Für verhaltene Ansprüche gilt derselbe Grundsatz wie für alle anderen Ansprüche: Sie entstehen, sobald ihre tatbestandlichen Voraussetzungen vorliegen. Dazu ist nicht erforderlich, dass der Gläubiger den verhaltenen Anspruch geltend macht.[398] Allerdings hat der Gesetzgeber im Rahmen der Schuldrechtsreform besondere Regelungen für den Verjährungsbeginn bestimmter verhaltener Ansprüche geschaffen (vgl. §§ 604 Abs. 5, 695 Satz 2, 696 Satz 3). Daraus soll ein verallgemeinerungsfähiger Gedanke folgen:[399] Nach teilweise vertretener Auffassung entstehe der verhaltene Anspruch erst, wenn er geltend gemacht wird.[400] Jedenfalls beginne die Verjährung verhaltener Ansprüche erst mit ihrer Geltendmachung.[401] Indessen hat der Gesetzgeber in den vorgenannten Normen gar keine Regelung zur Entstehung des Anspruchs getroffen, sondern nur eine von § 199 Abs. 1 abweichende Regelung zum Verjährungsbeginn. Das zeigt schon der eindeutige Wortlaut dieser Regelungen („*Die Verjährung des Anspruchs … beginnt mit …*"). Ob diese Sonderregelungen auf andere verhaltene Ansprüche

---

397 Vgl. zu der Frage, ob bis zum Eintritt zukünftiger Schäden die Verjährung gehemmt ist, unten F.IV.3.b.

398 Vgl. zu §§ 198, 199 a.F. Motive I, S. 307; BGH, Urteil vom 14.07.1988 – I ZR 155/86 = NJW-RR 1988, 1374 (1376); BGH, Urteil vom 17.12.1999 – V ZR 448/98 = NJW-RR 2000, 647 (der BGH verlangt zwar Fälligkeit, nahm aber an, dass diese bei verhaltenen Ansprüchen von Anfang an vorliegt); *Langheineken*, S. 173 f.: *Planck*, § 198 Anm. 1; *Windscheid*, Pandekten I, § 107 Fn. 5 S. 553.

399 *Mansel/Budzikiewicz*, § 3 Rn. 88 f.; *Grothe*, in MüKo, BGB, § 199 Rn. 7; vgl. auch *Rieble*, NJW 2004, 2270, 2272.

400 *Ellenberger* in Palandt, § 199 Rn. 8.

401 BGH, Urteil vom 01.12.2011 – III ZR 71/11 = NJW 2012, 917, 918 Rn. 11 ff. m.w.N.

analog anwendbar sind, soll an dieser Stelle nicht vertieft werden. Fest steht aber, dass die hier vertretene Auffassung auch für verhaltene Ansprüche keiner Ausnahme hinsichtlich der Anspruchsentstehung bedarf.

3. Zwischenergebnis

Die allgemein vertretene Auffassung zu den Voraussetzungen der Entstehung eines Anspruchs i.S.d. § 199 Abs. 1 Nr. 1 ist nicht tragfähig zu begründen. Die besseren Argumente sprechen dafür, dass es für die Entstehung des Anspruchs in diesem Sinne weder auf dessen Fälligkeit, noch auf die Möglichkeit der Klageerhebung ankommt, sondern das Vorliegen der tatbestandlichen Voraussetzungen des jeweiligen Anspruchs genügt.

Als Korrektiv zur Vermeidung eines Verjährungsablaufs vor Fälligkeit ist ausgehend von dem vorgenannten Standpunkt allerdings erforderlich, dass in den Fällen fehlender Fälligkeit eine Hemmung der Verjährung gem. § 205 eingreift.

F. Die Hemmung der Verjährung bei fehlender Fälligkeit

Nach § 205 ist die Verjährung gehemmt,

> *„solange der Schuldner auf Grund einer Vereinbarung mit dem Gläubiger vorübergehend zur Verweigerung der Leistung berechtigt ist."*

Um trotz Entkoppelung des Zeitpunkts der Entstehung des Anspruchs von der Fälligkeit sachgerechte Ergebnisse zu erzielen, müsste § 205 so ausgelegt werden können, dass damit all diejenigen Fälle fehlender Fälligkeit zu einer (ggf. anfänglichen) Verjährungshemmung führen, in denen unter Berücksichtigung der Interessen des Gläubigers ein Ablauf der Verjährung nicht erfolgen darf.[402] Ob § 205 in diesem Sinne ausgelegt werden kann, soll im Folgenden untersucht werden.

Eine solche Auslegung des § 205 setzt voraus, dass die für den Verjährungslauf relevanten Fälligkeitsfragen unter den Begriff der Vereinbarung eines vorübergehenden Leistungsverweigerungsrechts i.S.d. § 205 subsumiert werden können.

I. Überblick über den Meinungsstand

1. Rechtsprechung

Nach den seit der Schuldrechtsreform zu § 205 ergangen Entscheidungen sollen andere Leistungsverweigerungsrechte als solche, die auf einer Vereinbarung beruhen, von § 205 grundsätzlich nicht mehr erfasst sein.[403] Deshalb bewirke das Zurückbehaltungsrecht gem. § 273 keine Hemmung gem. § 205.[404] Nach

402 Vgl. *Piekenbrock*, JbJZivRWiss 2001, 309 (322).

403 BGH, Urteil vom 14.12.2017 – IX ZR 118/17 Rn. 12; BGH, Urteil vom 16.9.2015 – VIII ZR 119/14 Rn. 19; BGH, Urteil vom 07.11.2014 – V ZR 309/12 Rn. 22; BGH, Beschluss vom 17.09.2014 - XII ZB 338/14 Rn. 27; BGH, Beschluss vom 25.01.2012 - XII ZB 461/11 Rn. 23; BGH, Beschluss vom 25.01.2012 - XII ZB 497/11 Rn. 22; BGH, Beschluss vom 25.01.2012 - XII ZB 605/10 Rn. 24 (alle zur Berufung auf Mittellosigkeit im Rahmen des § 1836d BGB); BGH, Urteil vom 15.07.2010 – IX ZR 180/09 Rn. 15; OLG München, Urteil vom 25.06.2014 – 7 U 961/14 = BeckRS 2014, 18230; vgl. auch LG Kassel, Beschluss vom 30.05.2014 - 3 T 1/14.

404 BGH, Urteil vom 07.11.2014 – V ZR 309/12 Rn. 22 m.w.N.; vgl. OLG Naumburg, Urteil vom 12.10.2011 – 5 U 122/11.

einem Urteil des OLG Koblenz soll die Regelung der Erwägung Rechnung tragen, dass dem Gläubiger verjährungshemmende Maßnahmen, die regelmäßig eine kostenträchtige gerichtliche Inanspruchnahme des Schuldners erfordern, so lange nicht zumutbar sind, wie dieser eine solche Inanspruchnahme am Ende abwehren kann.[405] Welche Voraussetzungen an eine Vereinbarung i.S.d. § 205 zu stellen sind, ist den Entscheidungen jedoch regelmäßig nicht zu entnehmen.

Nach der Rechtsprechung des Bundesgerichtshofs soll allerdings auch in der Annahme einer Leistung erfüllungshalber regelmäßig eine Stundung[406] liegen, die gemäß § 205 die Verjährung hemmt.[407] Damit lässt der BGH also auch solche Vereinbarungen für eine Verjährungshemmung genügen, die nicht unmittelbar auf die Begründung eines Leistungsverweigerungsrechts gerichtet sind, sondern ein solches lediglich als nicht direkt beabsichtigte Folge mitbegründen.[408]

Zur Hemmung gem. § 202 a.F. hat der BGH entschieden, dass danach die Verjährung gehemmt sei, *„solange die Leistung gestundet ist, weil in den Verjährungszeitraum nicht die Zeit einbezogen werden soll, während der der Berechtigte seinen Anspruch nicht geltend machen kann. Damit sind aber nur Abreden gemeint, die die Fälligkeit einer Forderung nachträglich hinausschieben, also nach dem Entstehen und damit auch nach dem Beginn der Verjährung getroffen worden sind. Eine Stundung in diesem Sinne liegt daher nicht vor, wenn von vorneherein bei der Begründung einer Verbindlichkeit der Fälligkeitstermin hinausgeschoben wird. In diesem Fall braucht die Verjährung nicht „gehemmt" zu werden, weil sie ohnehin erst mit der Fälligkeit zu laufen beginnt (vgl. Staudinger/Coing, BGB, 11. Auflage § 202 Rn. 5).*"[409] Eine nähere Begründung für die Aussage, dass § 202 a.F. nur nachträgliche Vereinbarungen zum Aufschub der Fälligkeit erfasst, fehlt. In einer späteren Entscheidung[410] knüpft der BGH daran an: Wenn die Fälligkeit

---

405 OLG Koblenz, Urteil vom 09.04.2014 – 5 U 1247/13 (zu den im konkreten Fall wegen einer Hinterlegungsvereinbarung nicht gegebenen Voraussetzungen eines Leistungsverweigerungsrechts beim Leasingvertrag); vgl. auch BGH, Hinweisbeschluss vom 23.06.2009 – EnZR 49/08 Rn. 8 (zu den Voraussetzungen für ein die Verjährung hemmendes Stillhalteabkommen).

406 Vgl. zu einer Stundungsvereinbarungen auch BGH, Urteil vom 15. 3. 2006 – VIII ZR 123/05 (LG Berlin) Rn. 15; OLG Düsseldorf, Urteil vom 25.09.2012 – I-1 U 43/12; OLG Naumburg, Beschluss vom 06.09.2007 – 8 WF 215/07.

407 BGH, Beschluss vom 22.11.2011 – VIII ZR 65/11 Rn. 3 unter Hinweis auf BGH, Urteil vom 11.12.1991 – VIII ZR 31/91 = BGHZ 116, 278, 282 m.w.N.

408 Die Vereinbarung muss auch nach einer Entscheidung des OLG München nicht ausdrücklich auf eine Hemmung gerichtet sein, Urteil vom 15.09.2011 – 1 U 909/11 (zum Stillhalteabkommen).

409 BGH, Urteil vom 18.05.1977 – III ZR 116/74 juris Rn. 31.

410 BGH, Urteil vom 24.10.1991 – IX ZR 18/91 = NJW-RR 1992, 254, 255.

schon bei der Begründung des Anspruchs hinausgeschoben wurde, liege keine Stundung i.S.d. § 202 Abs. 1 a.F. vor. Da ein einklagbarer Anspruch i.S.d. § 198 a.F. noch nicht entstanden sei, könne die Verjährung erst mit der – hinausgeschobenen – Fälligkeit des Anspruchs beginnen, so dass es einer Hemmung der Verjährung nicht bedürfe. Auch hier fehlt eine nähere Begründung.

Das OLG Düsseldorf meint, nur eine nachträgliche Fälligkeitsverschiebung, nicht eine ursprüngliche Fälligkeitsvereinbarung, könne eine Hemmung gem. § 205 zur Folge haben.[411] Es begründet dies damit, dass Sinn und Zweck der Vorschrift eine Vereinbarung zwischen Gläubiger und Schuldner voraussetze, wonach letzterer berechtigt ist, eine bereits fällige Leistung zu einem späteren Zeitpunkt zu erbringen. Wenn die Leistung jedoch von Anfang an erst zu einem bestimmten Zeitpunkt - nämlich bei Vertragsende - fällig sei, wäre für eine Hemmung der Verjährung kein Raum. Eine schlichte Fälligkeitsvereinbarung begründe kein vorübergehendes Leistungsverweigerungsrecht des § 205. Dies ist umso bemerkenswerter, als in dem durch das Gericht entschiedenen Fall die Fälligkeitsvereinbarung auch kein geeigneter Anknüpfungspunkt war, um einen verzögerten Verjährungsbeginn in Betracht zu ziehen, weil dieser nicht von der Entstehung des Anspruchs oder dessen Fälligkeit abhing.[412]

Die Rechtsprechung hält § 205 teilweise dann für entsprechend anwendbar, wenn ein gesetzliches Leistungsverweigerungsrecht einem vereinbarten gleichsteht.[413] Das komme in Betracht für § 30 Abs. 1 GmbHG.[414] Das KG neigt offenbar zudem der Auffassung zu, auch eine einseitige Stundung könne zu einer Hemmung gem. § 205 führen.[415]

Eine Entscheidung des OLG Celle lässt offen, ob bei § 31 Abs. 2 GKG ein Fall der aufschiebenden Bedingung oder der anfänglichen gesetzlichen Stundung mit einem Aufschub der Fälligkeit vorliegt, weil in beiden Fällen der Verjährungsbeginn hinausgezögert werde, auch wenn keine Hemmung gem. § 205 eingreife.[416]

---

411 OLG Düsseldorf, Urteil vom 31.08.2006 – 10 U 46/06.

412 Es ging um die Verjährung gem. §§ 548 I Satz 2, 200 Satz 1 BGB. Vgl. zu den Einzelheiten OLG Düsseldorf, Urteil vom 31.08.2006 – 10 U 46/06 m.w.N.

413 OLG München, Urteil vom 17.03.2009 – 5 U 4355/08 = BeckRS 2009, 08580; vgl. auch OLG Celle, Beschluss vom 29.02.2008 – 19 WF 41/08 = BeckRS 2009, 06545 („… selbst wenn man von einer analogen Anwendung ausgehen wollte …“).

414 KG, Urteil vom 28.04.2008 – 20 U 118/06; a.A. *Perwein* GmbHR 2006, 1149, 1151 sowie *Grothe* in MüKo, BGB, § 205 Rn. 2.

415 KG, Beschluss vom 15.07.2005 – 9 W 206/04 (zur einseitigen Stundung von Notarkosten, aber ohne erkennbares Problembewusstsein).

416 OLG Celle, Beschluss vom 07.06.2012 – 2 W 149/12 m.w.N.; ebenso (mit eingehender Darstellung des Meinungsstands) OLG Düsseldorf, Beschluss vom 02.02.2010 – 10 W 129/09; vgl. auch OLG Celle Beschluss vom 29.02.2008 – 19 WF 41/08 = BeckRS

Eine entsprechende Anwendung des § 205 auf die Anzeige der Masseunzulänglichkeit durch den Insolvenzverwalter nach § 208 Abs. 1 InsO lehnt der BGH ab.[417] Er begründet dies damit, dass der Gesetzgeber § 205 abweichend von § 202 a.F. einschränkend gefasst hat. Der Änderung der Norm habe die Erwägung zugrunde gelegen, die Verjährungshemmung auf vereinbarte vorübergehende Leistungsverweigerungsrechte zu beschränken, die Norm entsprechend ihrer geringen Bedeutung zu vereinfachen und Umgehungsversuche entgegenzutreten (BT-Drucks. 14/6040, S. 118).[418] Weiter heißt es: „*Eine entsprechende Anwendung setzt zunächst voraus, dass die Interessenlage des gesetzlich geregelten Falles mit der des zu entscheidenden Falles übereinstimmt. Zusätzlich müssen auch die Wertungsgrundlage und die gesetzgeberische Interessenbewertung der Gesetzesnorm auf den zu entscheidenden Fall zutreffen. Schließlich darf die Übertragung der gesetzlichen Regelung auf den ungeregelten Fall nicht durch gesetzgeberische Entscheidung ausgeschlossen sein. Eine entsprechende Anwendung des § 205 BGB kommt daher nicht schon dann in Betracht, wenn das Hindernis in seiner Wirkung einem vereinbarten Leistungsverweigerungsrecht gleichkommt (a.A. Palandt/Ellenberger, BGB, 77. Aufl., § 205 Rdn. 3; Staudinger/Peters/Jacoby, BGB, 2014, § 205 Rdn. 19 ff.). Richtigerweise muss das Hindernis nicht nur in seinen Wirkungen, sondern auch in Entstehung und Entstehungsvoraussetzungen zumindest einem Stillhalteabkommen (pactum de non petendo) gleichstehen. Entscheidend ist, ob der Parteiwille die Grundlage des Leistungsverweigerungsrechts bildet (MünchKomm/Grothe, BGB, 7. Aufl., § 205 Rdn. 8). Eine entsprechende Anwendung des § 205 BGB auf Fallgestaltungen, in denen diese Wertungsgrundlage nicht gegeben ist, scheidet aus. Dies gilt insbesondere für gesetzliche Leistungsverweigerungsrechte (Erman/Schmidt-Räntsch, BGB, 15. Aufl., § 205 BGB, Rdn. 8; MünchKomm/Grothe, BGB, 7. Aufl., § 205 Rdn. 2, 7).*“[419]

2. Literatur

Die Literatur weist darauf hin, dass § 205 eine Verjährungshemmung aufgrund eines vorübergehenden Leistungsverweigerungsrechts ausdrücklich auf

---

2009, 06545; gegen eine Hemmung gem. § 205 BGB: OLG Koblenz, Beschluss vom 17.05.2005 – 1 Ws 303/05 = NStZ-RR 2005, 254, 255.

417 BGH, Urteil vom 14.12.2017 – IX ZR 118/17 Rn. 13.

418 BGH, Urteil vom 14.12.2017 – IX ZR 118/17 Rn. 14.

419 BGH, Urteil vom 14.12.2017 – IX ZR 118/17 Rn. 15; ebenso BGH, Urteil vom 13.11.2019 – IV ZR 317/17.

vereinbarte Leistungsverweigerungsrechte beschränkt[420] und gesetzliche Leistungsverweigerungsrechte deshalb nicht erfasst.[421]

Es handele sich um einen Auffangtatbestand insbesondere[422] - nach teilweise vertretener Auffassung ausschließlich[423] - für nachträgliche Vereinbarungen, die ein Leistungsverweigerungsrecht des Schuldners begründen.[424] Anfängliche Leistungsverweigerungsrechte seien bereits von § 199 Abs. 1 Nr. 1 erfasst;[425] das Anerkenntnis führe in der Regel schon zum Neubeginn der Verjährung.[426] Unter § 205 könne etwa ein Stillhalteabkommen[427] und die Stundung[428] fallen, die Vereinbarung eines Kontokorrentverhältnisses,[429] die Vereinbarung eines Gewährleistungsausschlusses im Leasingvertrag (soweit daraus ein Leistungsverweigerungsrecht für die Leasingraten folgt),[430] aber auch die Übernahme einer weiteren Verbindlichkeit erfüllungshalber.[431]

---

420 *Mansel* in Jauernig, BGB, §§ 205-209 BGB Rn. 2, der sogar nur eine Abrede darunter fassen will, den fälligen Anspruch vorübergehend nicht geltend zu machen.

421 *Budzikiewicz* in NK-BGB, § 205 Rn. 1 f.; *Dörner* in Schulze u.a., HK-BGB, § 205 BGB Rn. 1; *Henrich* in BeckOK BGB, § 205 BGB Rn. 1; *Meller-Hannich* in BeckOGK BGB, Stand 1.12.2020, § 205 Rn. 4.

422 *Dörner* in Schulze u.a., HK-BGB, § 205 BGB Rn. 2.

423 *Grothe* in MüKo, BGB, § 205 Rn. 1, 3 (Anwendungsbereich begrenzt auf nachträgliche Vereinbarungen); *Riezler* in Staudinger, 5./6. Auflage, § 202 Anm. 5.

424 *Henrich* in BeckOK BGB, § 205 BGB Rn. 2; *Lakkis* in: jurisPK-BGB, § 205 BGB Rn. 2; *Meller-Hannich* in BeckOGK BGB, Stand 1.12.2020, § 205 Rn. 3 (spezifischer Anwendungsbereich sei eine nachträgliche Vereinbarung, die dem Schuldner einen vorübergehenden Aufschub gewährt und nicht als Anerkenntnis gewertet werden kann).

425 *Lakkis* in: jurisPK-BGB, § 205 BGB Rn. 1; *Grothe* in MüKo, BGB, § 205 Rn. 1; *Deppenkemper* in PWW § 205 Rn. 1; *Dörner* in Schulze u.a., HK-BGB, § 205 BGB Rn. 2; *Henrich* in BeckOK BGB, § 205 BGB Rn. 2; wohl auch *Piekenbrock* in BeckOGK BGB, Stand 1.2.2021, § 199 Rn. 16.4; *Riezler* in Staudinger, 5./6. Auflage, § 202 Anm. 5; a.A. (nämlich für eine Hemmung nach § 205) *Peters/Jacoby* in Staudinger, § 205 Rn. 6.

426 *Henrich* in BeckOK BGB, § 205 BGB Rn. 2; *Riezler* in Staudinger, 5./6. Auflage, § 202 Anm. 5.

427 *Dörner* in Schulze u.a., HK-BGB, § 205 BGB Rn. 2; Henrich in BeckOK BGB, § 205 BGB Rn. 3; *Grothe* in MüKo, BGB, § 205 Rn. 5.

428 *Grothe* in MüKo, BGB, § 205 Rn. 3 f.

429 *Henrich* in BeckOK BGB, § 205 BGB Rn. 6; *Grothe* in MüKo, BGB, § 205 Rn. 10.

430 *Grothe* in MüKo, BGB, § 205 Rn. 9; Näher *Henrich* in BeckOK BGB, § 205 BGB Rn. 6 m.w.N.

431 *Henrich* in BeckOK BGB, § 205 BGB Rn. 3,6; ferner *Dörner* in Schulze u.a., HK-BGB, § 205 BGB Rn. 2.

Eine Hemmung gem. § 205 scheide aus, wenn dem Schuldner ein Leistungsverweigerungsrecht kraft Gesetzes zusteht, insbesondere wenn dies darauf beruhe, dass der Gläubiger eine Verpflichtung nicht erfüllt (§§ 273, 320, 1000 BGB; 369 HGB) oder eine Handlung nicht vornimmt, so bei der Einrede mangelnder Sicherheitsleistung (§§ 258 Satz 2, 811 Abs. 2 Satz 2, 867 Satz 3, 997 Abs. 1 Satz 2, 2128), der Vorausklage nach § 771,[432] ähnlich bei der Einrede des Bürgen nach § 770.[433] Das eigene Versäumnis solle dem Gläubiger nicht auf dem Wege über eine Verjährungshemmung zugutekommen.[434] Was der Gläubiger beeinflussen könne, solle im Zweifel ohne Auswirkung auf die Verjährungshemmung bleiben.[435] Keine Hemmung bewirkten ferner die Erbeneinreden nach §§ 2014, 2015, die keine materiell-rechtliche, sondern nur prozessualvollstreckungsrechtliche Wirkungen hätten.[436]

Eine entsprechende Anwendung des § 205 auf gesetzliche Leistungsverweigerungsrechte komme nach teilweise vertretener Auffassung in Betracht, wenn diese einerseits nicht schon dem Verjährungsbeginn entgegenstehen (dann sei die Analogie nicht erforderlich) und andererseits dem vereinbarten Leistungsverweigerungsrecht gleichstehen.[437] Das komme in Frage, wenn der Schuldner einer nicht wirksam abgetretenen Forderung nach unrichtiger Abtretungsanzeige (§ 409 Abs. 1) berechtigt ist, die Leistung gegenüber dem wahren Gläubiger zu verweigern.[438]

Nach anderer Auffassung sei für § 205 entscheidend, ob das Leistungsverweigerungsrecht ohne die Abrede nicht existieren würde.[439] Deshalb sei § 205 unanwendbar, wenn ein gesetzliches Leistungsverweigerungsrecht von den Parteien nur nachvollzogen werde[440] und zudem bestehe keine Möglichkeit einer

---

432 § 771 Satz 2 enthält eine eigene Regelung zur Hemmung der Verjährung.

433 *Dörner* in Schulze u.a., HK-BGB, § 205 BGB Rn. 3.

434 *Dörner* in Schulze u.a., HK-BGB, § 205 BGB Rn. 3.

435 *Grothe* in MüKo, BGB, § 205 Rn. 3; *Budzikiewicz* in NK-BGB § *205* Rn. 16; a.A. *Lakkis* in: jurisPK-BGB, § 205 BGB Rn. 1 (eine solche Einschränkung sei nicht erforderlich).

436 *Dörner* in Schulze u.a., HK-BGB, § 205 BGB Rn. 3.

437 *Henrich* in BeckOK BGB, § 205 BGB Rn. 7; *Ellenberger* in Palandt, BGB, § 205 Rn. 3; vgl. auch *Peters/Jacoby* in Staudinger, BGB, § 205 Rn. 5, 19 ff.

438 *Ellenberger* in Palandt, BGB, § 205 Rn 3; *Henrich* in BeckOK BGB, § 205 BGB Rn. 7; a.A. *Lakkis* in: jurisPK-BGB, § 205 BGB Rn. 20 (der Gläubiger könne die Verjährung durch Rechtsverfolgung hemmen und dabei den Rechtsschein ausräumen); *Peters/Jacoby* in Staudinger, BGB, § 205 Rn. 23.

439 *Grothe* in MüKo, BGB, § 205 Rn. 3.

440 *Mansel/Budzikiewiecz*, § 8 Rn. 113; *Lakkis* in: jurisPK-BGB, § 205 BGB Rn. 3; *Grothe* in MüKo, BGB, § 205 Rn. 3; wohl auch *Perwein* GmbHR 2006, 1149, 1151.

Analogie bei gesetzlichen Leistungsverweigerungsrechten,[441] die in ihrer Wirkung einem vertraglichen Recht dieser Art gleichstehen.

3. Stellungnahme

Wie bereits aufgezeigt, geht die heute allgemein vertretene Auffassung davon aus, dass die fehlende Fälligkeit bereits dem Beginn der Verjährung entgegensteht. Von diesem Ausgangspunkt besteht grundsätzlich kein Bedürfnis, bei Aufschub der Fälligkeit eine Hemmung anzunehmen. Angesichts dessen, dass sich die allgemeine Auffassung von der Entstehung des Anspruchs erst mit Fälligkeit als nicht haltbar erwiesen hat, es andererseits aber zutreffend ist, dass eine Verjährung nicht eintreten kann, so lange der Gläubiger keine Möglichkeit hat, seinen Anspruch durchzusetzen, liegt vom hier vertretenen Standpunkt aus eine Hemmung in diesen Fällen nahe. Die Neuregelung könnte aber zu Einschränkungen des Anwendungsbereichs geführt haben, die dem entgegenstehen. Ob das der Fall ist, soll im Folgenden untersucht werden.

II. Anfängliche Hemmung?

Der hier vorgeschlagene Lösungsweg setzt zunächst voraus, dass auch eine anfängliche Hemmung nach der Regelung des § 205 in Betracht kommt, also eine Hemmung, die schon vom Verjährungsbeginn an eingreift.

1. Wortlaut

Der Wortlaut des § 205 enthält nur Anhaltspunkte für die Voraussetzungen und die Dauer einer Hemmung („solange"). Die Rechtsfolge der Hemmung der Verjährung kann danach grundsätzlich zu jeder Zeit eintreten, wenn sie auf einer Vereinbarung beruht. Die Vereinbarung kann nach dem Wortlaut vor oder nach Entstehung des Anspruchs getroffen werden; das darauf beruhende Leistungsverweigerungsrecht kann von der Entstehung des Anspruchs an oder erst später wirken. Eine Einschränkung auf erst nach Entstehung des Anspruchs getroffene

441 *Grothe* in MüKo, BGB, § 205 Rn. 3 unter Hinweis auf OLG Celle Beschluss vom 29.02.2008 – 19 WF 41/08 = BeckRS 2009, 06545 (dort war Verjährung aber selbst bei einer Analogie eingetreten, so dass die Möglichkeit einer Analogie nicht entscheidungserheblich war und offen blieb); *Perwein* GmbHR 2006, 1149, 1151 (eine Analogie stehe entgegen, dass die Schuldrechtsreform mit der Ausgestaltung des § 205 bewusst auf die Übernahme der alten Rechtslage aus § 202 a.F. verzichtet habe.).

Vereinbarungen oder erst dann wirkende Leistungsverweigerungsrechte ist dem Wortlaut nicht zu entnehmen.

2. Regelungszusammenhang

Der größere Regelungszusammenhang, in dem § 205 steht, wurde bereits oben (vgl. E.II) dargestellt, worauf hier zunächst zur Vermeidung von Wiederholungen verwiesen werden soll.

Danach erscheint eine Regelung zur Hemmung der Verjährung nur für solche Fälle sinnvoll, in denen die Verjährung ohne die Regelung abliefe. Unter logischen Gesichtspunkten kommt als Anwendungsbereich des § 205 daher die Zeit vom Beginn der Verjährung bis zu deren Eintritt in Betracht.

Allerdings wäre auch eine engere Auslegung damit vereinbar. Die Regelung könnte daher auch auf den Fall beschränkt sein, dass ein Leistungsverweigerungsrecht nachträglich entsteht, also nachdem die Verjährungsfrist zumindest teilweise abgelaufen ist. Wortlaut und Regelungszusammenhang enthalten dafür aber keinerlei Anhaltspunkte.

Soweit Umstände allerdings bereits die Entstehung des Anspruchs hindern, wäre zu klären, in welchem Verhältnis Entstehungshinderung und Hemmung stehen. Eine Auffassung[442] meint denn auch, die Konstruktion einer anfänglichen Stundung, die von der anfänglich-hinausgeschobenen Fälligkeit abzugrenzen wäre,[443] überzeuge nicht, zumal für die Verjährung keine Ergebnisunterschiede aufträten: Im ersten Fall sei die Verjährung für die Dauer der Stundung gehemmt, beginne also nicht vor Eintritt des späteren Fälligkeitszeitpunktes zu laufen, im zweiten Fall beginne die Verjährung erst in diesem Fälligkeitszeitpunkt, weshalb für die vorhergehende Zeit eine Verjährung nicht in Betracht käme und es also keiner Hemmung bedürfe.

Die Abgrenzungsfrage stellt sich jedoch nur, wenn die Entstehung des Anspruchs davon abhängig gemacht wird, dass Fälligkeit vorliegt. Nach der hier vertretenen Auffassung (vgl. oben E.VII.3) setzt die Entstehung des Anspruchs jedoch nur die Verwirklichung des anspruchsbegründenden Tatbestands voraus. Leistungsverweigerungsrechte – insbesondere eine aufgeschobene Fälligkeit

---

442 *Grothe* in MüKo, BGB, § 205 Rn. 1.

443 So *Niedenführ* in Soergel, BGB, § 202 Rn. 6; *Staudinger/Peters* (Neubearbeitung 2001) § 202 a.F. Rn. 6; *v. Feldmann* in MüKo, 3. Auflage, § 202 a.F. Rn. 4 (verbunden mit dem Hinweis, dass daraus im Ergebnis aber keine Unterschiede hinsichtlich der Verjährungsfrist folgten).

- hindern die Entstehung des Anspruchs danach nicht.[444] Damit sind Verjährungsbeginn und Verjährungshemmung klar voneinander getrennt. Es kann deshalb hier dahinstehen, ob die These von der übereinstimmenden Rechtsfolge einer Verschiebung des Verjährungsbeginns und einer anfänglichen Hemmung zutreffend ist (vgl. dazu sogleich IV.2).

3. Regelungsabsicht des Gesetzgebers

Wortlaut und Regelungszusammenhang stehen damit einem Verständnis, nach dem von § 205 auch die anfängliche Hemmung erfasst wird, nicht entgegen.

Zu untersuchen ist, ob dies auch mit der Regelungsabsicht des Gesetzgebers der Schuldrechtsmodernisierung vereinbar ist. Der Gesetzgeber hat die Neufassung des § 205 im Rahmen der Schuldrechtsreform nur sehr knapp erläutert und sich dabei weitgehend auf die bisherige Regelung und die dazu geäußerte Kritik bezogen. Zunächst soll daher die Regelungsabsicht des Gesetzgebers hinter der Schaffung der ursprünglichen Fassung untersucht werden.

a. Bei Schaffung des BGB

Die Vorgängerregelung des heutigen § 205 fand sich bis zur Schuldrechtsreform in § 202 a.F, der wie folgt lautete:

> *„(1) Die Verjährung ist gehemmt, solange die Leistung gestundet oder der Verpflichtete aus einem anderen Grunde vorübergehend zur Verweigerung der Leistung berechtigt ist.*
> *(2) Diese Vorschrift findet keine Anwendung auf die Einrede des Zurückbehaltungsrechts, des nicht erfüllten Vertrags, der mangelnden Sicherheitsleistung, der Vorausklage sowie auf die nach § 770 dem Bürgen und nach den §§ 2014, 2015 dem Erben zustehenden Einreden.“*

In Abs. 1 der Regelung in dieser Fassung findet sich keine Einschränkung auf Vereinbarungen zwischen Gläubiger und Schuldner. Anders als in der aktuellen Fassung findet sich darin aber ein Beispiel für ein vorübergehendes Leistungsverweigerungsrecht, nämlich die Stundung. Dabei handelt es sich also offenbar um einen Fall, den der Gesetzgeber bei der Schaffung der Regelung besonders vor Augen hatte. Eine Einschränkung auf den Fall der nachträglichen Stundung ist der Regelung nicht zu entnehmen. Sie wurde sogar ausdrücklich abgelehnt.[445]

444 Vgl. auch *Roth*, § 18 I („noch nicht fälliger Anspruch ebenso entstanden ist wie ein mit der Stundungseinrede behafteter Anspruch“).

445 Vgl. oben E.IV.7.aa(2) zu § 162 E I und § 168 E II.

Abs. 2 der Regelung begrenzt den Anwendungsbereich. Danach sind insbesondere die Einrede des Zurückbehaltungsrechts und des nicht erfüllten Vertrags vom Anwendungsbereich ausgenommen, so dass diese Leistungsverweigerungsrechte nicht zu einer Hemmung der Verjährung führen, sondern den Verjährungslauf unberührt lassen.[446]
Schon von der Vorlage der ersten Vorschläge an wurde diskutiert, wie die Wirkung von Einreden und sonstigen Hindernissen auf die Verjährung ausgestaltet werden soll.[447] Dabei wurde *„eine dem Verpflichteten gewährte Frist, mag dieselbe auf Rechtsgeschäft, oder auf gesetzlicher Anordnung beruhen“* als Grund zur Hemmung von Beginn und Lauf der Verjährung angesehen.[448] Man gelangte zu der Erkenntnis, dass die Einrede im engeren Sinne[449] die Verjährung grundsätzlich, d.h. bis auf noch festzulegende Ausnahmen, hemmen soll, und zwar obwohl sie nur eingreift, wenn der Verpflichtete sich auf sie beruft.[450] Ob dies gesondert oder im Zusammenhang mit dem Beginn der Verjährung zu regeln ist, sei eine noch zu klärende redaktionelle Frage.[451] Wie § 202 a.F. zeigt, blieb es bei einer eigenständigen Regelung zur hemmenden Wirkung - von einer besonderen Regelung zum Beginn der Verjährung beim Bestehen von Einreden wurde abgesehen.[452]

---

446 Das wurde bereits früh diskutiert, vgl. *Jakobs/Schubert*, S. 1023 f.

447 Vgl. näher *Jakobs/Schubert*, S. 1006 f.: Nach dem ersten Vorschlag sollten bestimmte Einreden Beginn und Lauf der Verjährung entgegenstehen. Dies wurde als zu eng angesehen und auf sämtliche rechtliche Hindernisse erweitert, die einer Rechtsverfolgung des Anspruchs entgegenstehen. Die Anknüpfung an „rechtliche Hindernisse“ wurde wiederum von einer Minderheit als zu unklar kritisiert. Es blieb aber zunächst dabei (vgl. *Jakobs/Schubert*, S. 1059 ff.).

448 *Jakobs/Schubert*, S. 1011.

449 Zu den Einreden im weiteren Sinne / prozessualen Einwänden vgl. *Jakobs/Schubert*, S. 1024.

450 *Jakobs/Schubert*, S. 1024 f. Es wurde in diesem Zusammenhang sogar ausdrücklich abgelehnt, die verjährungshemmende Wirkung der Einrede im engeren (materiellrechtlichen) Sinne der Wissenschaft zu überlassen, vgl. *Jakobs/Schubert* aaO.

451 *Jakobs/Schubert*, S. 1025.

452 *Goldmann/Lilienthal*, § 63 führt deshalb aus: „Gründe, welche speziell den Beginn der Verjährung hindern, kennt das BGB nicht.“ Dies war vor Einführung des BGB noch anders, vgl. aaO. Fn. 2.

b. *Kritik an § 202 a.F.*

Die Regelung wurde insbesondere von *Peters/Zimmermann*[453] kritisiert, die meinen, § 202 a. F. erzeuge mehr Verwirrung als er Nutzen bringe. Die anfängliche Stundung führe zu den gleichen Ergebnissen wie ein von vornherein vereinbarter späterer Fälligkeitstermin, so dass § 202 a. F. neben § 198 Satz 1 a. F. keine selbständige Bedeutung habe. Das nachträgliche Stundungsbegehren enthalte fast immer ein Anerkenntnis des Schuldners, so dass die gewährte Stundung wie die Vereinbarung eines späteren Fälligkeitstermins wirke. Fälle, in denen der Schuldner die Forderung bestreite und gleichzeitig um Stundung bitte, seien wohl so selten, dass sie die Regelung nicht rechtfertigten. Weiter in der Kommentarliteratur erörterte Fälle (z. B. Einstellung der Forderung in ein Kontokorrent, Einrede aus § 1100 Satz 2 a. F.) könnten über § 198 Satz 1 a. F. erfasst werden. Auch das pactum de non petendo könne im Rahmen der derzeitigen §§ 208, 852 Abs. 2, 225 a. F. erfasst werden. § 202 a. F. habe Bedeutung eigentlich nur für Ausweichversuche dort, wo strenger formulierte Unterbrechungs- oder Hemmungstatbestände nicht eingriffen.

c. *Schuldrechtsreform*

Mit der Schuldrechtsreform beabsichtigte der Gesetzgeber, die Tatbestände einer Unterbrechung der Verjährung einzuschränken, und die Hemmungstatbestände auszuweiten.[454] Obwohl es sich bei § 202 a.F. um einen Hemmungstatbestand handelt, wurde dieser im Widerspruch dazu scheinbar eingeschränkt und hat als § 205 eine neue Fassung erhalten:

> *„Die Verjährung ist gehemmt, solange der Schuldner auf Grund einer Vereinbarung mit dem Gläubiger vorübergehend zur Verweigerung der Leistung berechtigt ist."*

Diese Änderungen wurden wie folgt begründet:[455] Die Vorschrift greife einen Gedanken des § 202 a. F. auf. Die diesbezügliche Kritik von *Peters/Zimmermann*[456] sei überzeugend, die die Regelung ausgehend vom allgemeinen Verständnis des § 198 a.F. für entbehrlich halten. Es erscheine allerdings zweifelhaft, ob alle nachträglichen Vereinbarungen, die dem Schuldner einen Aufschub gewähren, als Anerkenntnis gewertet werden können. § 205 RE sehe daher eine

453 S. 253.
454 BT-Drs. 14/7052, S. 178.
455 BT-Drs. 14/6040 S. 118.
456 S. 253; vgl. dazu schon oben F.II.3.a.

Regelung vor, die sich auf vereinbarte vorübergehende Leistungsverweigerungsrechte beschränkt.[457] Die Fassung werde dadurch entsprechend der geringen Bedeutung der Vorschrift erheblich vereinfacht. Damit biete sie sich auch weniger für Umgehungsversuche an.[458]

d. *Stellungnahme*

Damit übernimmt die Gesetzesbegründung zunächst die Kritik von *Peters/Zimmermann* und misst der Regelung nur geringe Bedeutung zu. Diese Kritik ist vom Standpunkt der überwiegend vertretenen Auffassung im Wesentlichen[459] zutreffend. Sie beruht aber auf der Annahme, dass die Entstehung eines Anspruchs als Verjährungsbeginn dessen Fälligkeit voraussetze. Diese Annahme entsprach zur Zeit der Formulierung der Gesetzesbegründung auch noch dem ausdrücklichen Wortlaut des Entwurfs zum Beginn der Verjährung.[460] Erst dieser Ausgangspunkt führt dazu, dass § 202 a.F. nahezu keinen Anwendungsbereich mehr hatte. Eine Auslegung aber, die dazu führt, dass einer gesetzlichen Regelung kein Anwendungsbereich verbleibt, ist zweifelhaft. Wie aufgezeigt[461] ist diese Auffassung richtigerweise abzulehnen. Damit verliert aber zugleich die Kritik an § 202 a.F. ihr Fundament. In der Konsequenz sind auch die Schlussfolgerungen der Kritik und die Grundlage der Entscheidung des Gesetzgebers unzutreffend. Das gilt allerdings nur für die Fassung des Verjährungsrechts vor und nach der Schuldrechtsreform. Für die ursprüngliche Entwurfsfassung der Reform des Verjährungsrechts, die ja die Entstehung des Anspruchs noch ausdrücklich an die Fälligkeit knüpfte, und auf deren Basis die obigen Äußerungen des Gesetzgebers erfolgten, war die Kritik und damit auch die Einschätzung des

---

457 Soweit der BGH nach neuester Rechtsprechung (BGH, NJW 1999, 3705) die Ansicht vertrete, bei Zinsen aus Sicherungsgrundschulden sei die Verjährung nicht in entsprechender Anwendung des bisherigen § 202 Abs. 1 bis zum Eintritt des Sicherungsfalls gehemmt, hindere ihn der Wortlaut des neuen § 205 RE nicht, diese Rechtsprechung fortzusetzen (so BT-Drucks 14/6040 S. 118).

458 Es ging dabei um solche Fälle, in denen strenger formulierte Unterbrechungs- und Hemmungstatbestände nicht eingriffen und deshalb auf § 202 a.F. zurückzugreifen versucht wurde.

459 In der Wirkung macht es aber einen Unterschied, ob man einen späteren Verjährungsbeginn oder eine anfängliche Hemmung annimmt, weil nur ersteres wegen der Ultimo-Verjährung zu einer Verschiebung der Verjährung um fast ein Jahr führen kann, vgl. dazu näher unter F.IV.2.

460 BT-Drs. 14/6040 S. 108.

461 Oben E.

Gesetzgebers absolut zutreffend. Gerade diese ausdrückliche Anknüpfung der Entstehung des Anspruchs an die Fälligkeit hat der Gesetzgeber jedoch bewusst geändert (vgl. oben E.III.2). Nach der Rückbesinnung auf die Entstehung des Anspruchs als richtigem Zeitpunkt wurde § 205 nicht nochmals daraufhin überprüft, ob eine Anpassung erforderlich ist.[462] Dementsprechend fehlt auch ein klarer Anhaltspunkt für den diesbezüglichen Willen des Gesetzgebers.

Obwohl der Gesetzgeber die Einschätzung von *Peters/Zimmermann* grundsätzlich teilt, folgt er der Kritik allerdings nicht soweit, dass er die bisherige Regelung als völlig überflüssig abschafft. Stattdessen behält der Gesetzgeber Abs. 1 der Regelung weitgehend unverändert bei und schränkt diese lediglich auf vereinbarte Leistungsverweigerungsrechte ein. Der Gesetzgeber sieht also selbst auf Basis der Entwurfsfassung mit seiner Fälligkeitsanknüpfung weiterhin einen Anwendungsbereich für die Regelung, insbesondere weil nicht ausgeschlossen werden könne, dass auch nachträgliche Vereinbarungen mit aufschiebender Wirkung vorkämen, die nicht als Anerkenntnis gewertet werden können.[463] Damit bringt der Gesetzgeber zum Ausdruck, dass es ihm gerade darum ging, für die Fälle einen Hemmungstatbestand bereit zu halten, die bei der Überarbeitung übersehen wurden.[464] Eine klare Aussage gegen eine Anwendbarkeit der Regelung auf ein Leitungsverweigerungsrecht infolge fehlender Fälligkeit ist der Gesetzesbegründung nicht zu entnehmen. Das gilt insbesondere deshalb, weil der Wortlaut des Entwurfs zur Zeit der Begründung noch ausdrücklich die Fälligkeit zur Voraussetzung des Verjährungsbeginns machte.[465]

Durch die Änderung soll die Regelung nach der Vorstellung des Gesetzgebers vor allem vereinfacht werden. Soweit sich dies auf die Formulierung der Regelung bezieht, ist dieses Ziel erreicht worden. Eine Vereinfachung der Rechtsanwendung wurde durch die Neuregelung hingegen nicht erzielt.

Durch die Neuregelung des § 205 sollen außerdem Umgehungsversuche erschwert werden.[466] Aus diesem Hinweis wird man wohl darauf schließen können, dass die Änderung keine Erweiterung des Anwendungsbereichs gegenüber der bisherigen Regelung zum Ziel hatte. Die bisherigen Ausnahmen des § 202 Abs. 2 a.F. sollen deshalb offenbar fortgelten, was allerdings nicht ausdrücklich

---

462 BT-Drs.14/7052 S. 181 erwähnt § 205 nicht.

463 BT-Drs. 14/6040 S. 118.

464 *Mansel/Budzikiewicz*, § 8 Rn. 112 sprechen von einem „Auffangtatbestand für Parteivereinbarungen"; ebenso *Budzikiewicz* in NK-BGB, § 205 Rn. 3.

465 BT-Drs. 14/6040 S. 108.

466 Vgl. dazu bereits oben F.II.3.c

gesagt wird.[467] Eine Definition dessen, was der Gesetzgeber unter einer Vereinbarung i.S.d. § 205 versteht, gibt er nicht. Zugleich ist eine Differenzierung zwischen gesetzlichen und vereinbarten Leistungsverweigerungsrechten angesichts ihrer identischen Wirkung auf die Durchsetzbarkeit der Forderung überraschend.[468] Dies zeigt sich bei der Frage, ob beispielsweise ein ausdrücklich vereinbartes vertragliches anders als ein gesetzliches Zurückbehaltungsrecht zur Verjährungshemmung gem. § 205 führt (vgl. dazu näher III.6).

Betrachtet man die Ausführungen des Gesetzgebers in dem beschriebenen Zusammenhang insgesamt, so beruhen diese nach der hier vertretenen Auffassung mit der vor der Schuldrechtsreform überwiegend vertretenen Meinung auf einem unzutreffenden Ausgangspunkt vom Zeitpunkt der Entstehung des Anspruchs, berücksichtigen mit dem Wegfall des Fälligkeitserfordernis im Wortlaut eine spätere Änderung des beschlossenen Gesetzes gegenüber der Entwurfsfassung nicht, wollen gleichzeitig vereinfachen und Umgehungen ausschließen, aber auch eine Auffangregelung für unbedachte Fälle bieten, weil Unsicherheit über den Anwendungsbereich des § 205 besteht. Damit bietet der Wille des Gesetzgebers kaum einen belastbaren Anhaltspunkt für die Auslegung des § 205. Insbesondere kann nicht festgestellt werden, dass der Gesetzgeber eine enge Auslegung beabsichtigt hat. Dies gilt umso mehr, als er grundsätzlich die Hemmungstatbestände sogar ausdrücklich ausweiten wollte.

4. Objektiv-teleologische Kriterien

Die Zwecke der Verjährung wurden oben bereits ausführlich dargestellt. Ihnen sind nur wenige Anhaltspunkte dafür zu entnehmen, wie die Regelung der Hemmung der Verjährung in § 205 auszulegen ist. Dazu gehört, dass der Gläubiger – außer durch Rechtsverfolgung i. S. d. § 204 BGB - nicht einseitig den Lauf der Verjährung verhindern können soll.[469] Deshalb kann die fehlende Fälligkeit dann kein Hemmungsgrund sein, wenn sie der Gläubiger selbst herbeiführen kann, z. B. durch Stellung einer Rechnung. Andererseits soll der Gläubiger die Möglichkeit der Hemmung durch rechtzeitige Rechtsverfolgung haben. Im Interesse einer Vermeidung unnötiger Rechtsverfolgungskosten und einer Entlastung der Gerichte ist dies regelmäßig erst dann sinnvoll, wenn der Gläubiger Leistungsklage erheben kann. Soweit ein Anspruch nicht fällig ist, spricht dies dafür, grundsätzlich eine Hemmung anzunehmen.

---

467 *Mansel/Budzikiewicz*, § 8 Rn. 114.

468 *Mansel/Budzikiewicz*, § 8 Rn. 111.

469 Siehe oben E.V.1.b.

5. Verfassungskonforme Auslegung

Das Verfassungsrecht gibt keine so präzisen Vorgaben, dass es für die Auslegung der Hemmungsregelung fruchtbar gemacht werden könnte. Es steht der hier vertretenen Auffassung aber auch nicht entgegen, sondern es gebietet vielmehr, dem Gläubiger eine zumutbare Möglichkeit zur Geltendmachung seiner Ansprüche zu gewähren. Ob dazu eine Dreijahresfrist ab Entstehung des Anspruchs in jedem Fall - also z. B. auch bei nicht fälligen Forderungen - ausreicht, ist zumindest zweifelhaft.[470] Vom hier vertretenen Standpunkt einer Entstehung des Anspruchs unabhängig von dessen Fälligkeit erscheint eine Hemmung des Anspruchs bis zu seiner Fälligkeit jedenfalls dann geboten, wenn man dem Gläubiger (und damit im Ergebnis auch dem Schuldner und den Gerichten) eine Feststellungsklage vor Fälligkeit nicht zumuten will.

6. Zwischenergebnis

Die Hemmung der Verjährung greift unabhängig davon, ob das sie auslösende Leistungsverweigerungsrecht von Anfang an besteht oder erst später entsteht. Eine solche Auslegung entspricht auch der Auffassung der Verfasser des BGB.[471]

Zwar führt die anfängliche Stundung weithin zu den gleichen Ergebnissen, wie ein von vorneherein vereinbarter späterer Fälligkeitstermin.[472] Dies beruht aber gerade auf der von § 205 für beide Fälle gleichermaßen angeordneten Hemmung des unabhängig von der Fälligkeit bzw. Stundung eingetretenen Verjährungsbeginns.

§ 205 gilt also insbesondere für den Aufschub des Zeitpunkts für die Leistung des Schuldners, und zwar auch für den von Anfang an vereinbarten Aufschub.[473]

470 Verfassungsrechtliche Bedenken gegenüber einer kenntnisunabhängigen dreijährigen Verjährungsfrist äußern *Zimmermann/Leenen/Mansel/Ernst*, JZ 2001, 684, 684 f. Anm. 11.

471 Vgl. näher unten F.III.3; ferner *Planck* § 202 Anm. 2.

472 Vgl. aber bereits Fn. 456.

473 Häufig bezeichnet als Stundung - wegen der Unklarheiten dieses Begriffs (vgl. *Gernhuber*, § 3 V 1) soll er aber an dieser Stelle vermieden werden.

III. Vereinbarung eines vorübergehenden Leistungsverweigerungsrechts

Anhand der bekannten Auslegungskriterien (vgl. dazu näher oben D) soll weiter untersucht werden, wie das Erfordernis einer Vereinbarung in § 205 zu verstehen ist.

1. Wortlaut

Nach dem Wortlaut des § 205 sind nur solche Leistungsverweigerungsrechte beachtlich, die auf Grund einer Vereinbarung des Schuldners mit dem Gläubiger bestehen.

Der Wortlaut könnte eng auszulegen sein, so dass nur solche vorübergehenden Leistungsverweigerungsrechte erfasst werden, auf die die Vereinbarung gerichtet ist und die ohne die Vereinbarung nicht bestünden.[474] Dafür spricht, dass der Schuldner nach dem Tatbestand *„auf Grund einer Vereinbarung"* zur Leistungsverweigerung berechtigt sein muss; das gilt insbesondere, soweit diese Formulierung den Fall ausschließen will, dass er auch ohne die besondere Vereinbarung ein Leistungsverweigerungsrecht infolge gesetzlicher Regelungen hätte. Genauso erscheint aber mit dem Wortlaut eine weite Auslegung vereinbar, nach der es genügt, wenn der Schuldner <u>mittelbar</u> *„auf Grund einer Vereinbarung"* zur Leistungsverweigerung berechtigt ist;[475] dann schadet es nicht, wenn

---

474 *Budzikiewicz* in NK-BGB, § 205 Rn. 14 (anders aber, wenn es den Parteien gerade um die Erzielung einer Verjährungshemmung ging); *Grothe* in MüKo, BGB, § 205 Rn. 2.

475 Jedenfalls eine stillschweigende und eine konkludente Vereinbarung sind als ausreichend anerkannt, vgl. BGH, Urteil vom 15.07.2010 – IX ZR 180/09 Rn. 15 = NJW-RR 2011, 208, 209 (zu den Voraussetzungen eines durch schlüssiges Verhalten geschlossenen verjährungshemmenden Stillhalteabkommens); BGH, Hinweisbeschluss vom 22.11.2011 – VIII ZR 65/11 = NJW 2012, 996 (das Berufungsgericht hat die Frage vorgelegt, ob einer Leistung erfüllungshalber hemmende Wirkung zukommt – der BGH lies die Frage allerdings offen); BGH, Urteil vom 28.02.2002 – VII ZR 455/00 = NJW 2002, 1488, 1489 (Hemmungswirkung einer Vereinbarung zur Anrufung einer VOB-Schiedsstelle wegen des darin stillschweigend enthaltenen Stillhalteabkommens, allerdings noch zu § 202 Abs. 1 a.F.); BGH, Urteil vom 06.07.2000 – IX ZR 134/99 = 2000, 2661, 2662 (mit der ausdrücklichen Feststellung, dass ein die Verjährung hemmendes Stillhalteabkommen auch stillschweigend getroffen werden kann, allerdings noch zu § 202 Abs. 1 a.F.); *Meller-Hannich* in BeckOGK BGB, Stand 1.12.2020, § 205 Rn. 5.

die Vereinbarung nicht auf ein Leistungsverweigerungsrecht gerichtet ist, sondern ihm dieses infolge der Vereinbarung von Gesetzes wegen zusteht.

Dem Wortlaut ist nicht zu entnehmen, dass die Vereinbarung unmittelbar auf ein Leistungsverweigerungsrecht gerichtet sein muss, sie also gerade beabsichtigen muss, ein solches zu begründen. Eine weite Auslegung des Wortlauts könnte also auch dahin gehen, all diejenigen Leistungsverweigerungsrechte zuzulassen, die sich im weiteren Sinne auf eine Vereinbarung zwischen Schuldner und Gläubiger zurückführen lassen. Es könnte also gelten, wenn die Parteien einen Vertrag schließen, für die das Gesetz besondere Fälligkeitsregelungen vorsieht, wie beispielsweise §§ 641 Abs. 2 Satz 1 und 650g Abs. 4 Satz 1. Es könnte ferner beispielsweise auch für die Einrede des nicht erfüllten Vertrages (§ 320 Abs. 1 Satz 1) gelten, die ja nur in Betracht kommt, wenn die Parteien einen gegenseitigen Vertrag vereinbart haben.

2. Regelungszusammenhang

Der Begriff der Vereinbarung wird im BGB außer in § 205 in einer Vielzahl von Vorschriften verwendet, im Allgemeinen Teil beispielsweise in den §§ 154 Abs. 1 Satz 1, 155, 202 (Überschrift), im Allgemeinen Schuldrecht u.a. in §§ 248 Abs. 1, 271a. Soweit ersichtlich ist mit Vereinbarung stets eine auf Rechtsgeschäft beruhende Regelung gemeint. Damit handelt es sich bei der Vereinbarung offenbar um den Gegenbegriff zu einer gesetzlichen Anordnung. Demnach könnten gesetzliche Leistungsverweigerungsrechte im Unterschied zu solchen, die auf einer Vereinbarung beruhen, vom Anwendungsbereich des § 205 ausgeschlossen sein.

Andererseits sind letztlich fast alle schuldrechtlichen Leistungsverweigerungsrechte zumindest mittelbar auf eine Vereinbarung rückführbar, die nämlich von den gesetzlichen Regelungen vorausgesetzt wird. Das BGB typisiert allerdings häufig bestimmte Rechtsfolgen von Rechtsgeschäften, um den Parteien eine Vereinbarung zu erleichtern. So bleibt es den Parteien erspart, entsprechende Regelungen vertraglich treffen zu müssen. Es erscheint daher zweifelhaft, alle diese Fälle von vorneherein aus dem Regelungsbereich des § 205 auszublenden, nur weil sie bereits durch den Gesetzgeber vorgesehen wurden. Das zeigen auch folgende Überlegungen:

Wenn die Parteien ein bereits aus dem Gesetz folgendes Leistungsverweigerungsrecht zusätzlich ausdrücklich vereinbaren, läge zwar eine Vereinbarung vor. Das allein kann aber keine unterschiedliche Behandlung rechtfertigen.[476] Der

476 Vgl. *Grothe* in MüKo, BGB, § 205 Rn. 2 und *Budzikiewicz* in NK-BGB, § 205 Rn. 14 (die deshalb beide Fälle gleichermaßen vom Anwendungsbereich ausschließen).

Widerspruch kann auf zwei Arten gelöst werden: Indem man vertraglich nachvollzogene gesetzliche Leistungsverweigerungsrechte vom Anwendungsbereich des § 205 ausnimmt oder jedenfalls bestimmte gesetzliche Leistungsverweigerungsrechte, die auf eine Vereinbarung rückführbar sind, einbezieht. Die erste Alternative führt zu einem weiteren Dilemma, nämlich bei der Differenzierung danach, ob die Parteien ein gesetzliches Leistungsverweigerungsrecht lediglich in ihren Vertrag übernommen (dann beruht das Leistungsverweigerungsrecht möglicherweise nicht auf einer Vereinbarung, weil es auch ohne diese bestünde) oder modifiziert haben (dann beruht jedenfalls das konkrete Leistungsverweigerungsrecht auf einer Vereinbarung).[477]

Im Werkvertragsrecht hängt die Fälligkeit der Vergütung grundsätzlich von der Abnahme ab, § 641 Abs. 1. In vielen Werkverträgen ist dies auch ausdrücklich so vereinbart. Letzteres eröffnet jedenfalls dem Wortlaut nach den Anwendungsbereich des § 205. Von der Entstehung des Vergütungsanspruchs mit Vertragsschluss bis zu seiner Fälligkeit wäre die Verjährung gehemmt. Verzichten die Parteien wegen § 641 aber auf eine Fälligkeitsregelung in ihrem Vertrag, ist ebenfalls die Vergütung aufgrund einer Vereinbarung (nämlich des Werkvertrags i.V.m. § 641) erst mit Abnahme fällig und eine Hemmung infolge § 205 erscheint gerechtfertigt. Eine verjährungsrechtlich unterschiedliche Bewertung dieser beiden Fälle ist jedenfalls nicht sinnvoll.

§ 650g Abs. 4 verdeutlich dies zusätzlich. Vor Einfügung dieser Regelung[478] war die Fälligkeit der Vergütung im Bauvertrag nur dann von der Erteilung einer Schlussrechnung abhängig, wenn die Parteien dies (wie zum Beispiel durch Einbeziehung des § 16 Abs. 3 Nr. 1 VOB/B) vereinbart hatten. Die Verjährung des Vergütungsanspruchs ist dann nach der hier vertretenen Auffassung bis zur Fälligkeit nach Schlussrechnungsstellung gehemmt. Gem. § 650g Abs. 4 ist die Erteilung einer prüffähigen Schlussrechnung gesetzliche (!) Fälligkeitsvoraussetzung. Nach seinem eng verstandenen Wortlaut kann § 205 daher mangels Vereinbarung keine Anwendung finden, eine Hemmung bis zur Fälligkeit scheidet aus. Haben die Parteien aber § 650g Abs. 4 in ihren Vertrag übernommen oder

---

477 *Budzikiewicz* in NK-BGB, § 205 Rn. 14 differenziert danach, ob es den Parteien bei der Vereinbarung gerade um die Erzielung einer Verjährungshemmung ging. Das überzeugt insofern, als es der Privatautonomie Rechnung trägt. Ein entsprechender Wille wird sich aber häufig kaum verlässlich feststellen lassen.

478 Eingefügt durch das Gesetz zur Reform des Bauvertragsrechts, zur Änderung der kaufrechtlichen Mängelhaftung, zur Stärkung des zivilprozessualen Rechtsschutzes und zum maschinellen Siegel im Grundbuch- und Schiffsregisterverfahren vom 28.04.2017 (BGBl. I S. 969), in Kraft getreten am 01.01.2018.

die VOB/B einbezogen, bestünde eine Vereinbarung und die Hemmung käme in Betracht. Solchermaßen unterschiedliche Ergebnisse überzeugen nicht. Es gibt auch keinerlei Anhaltspunkte dafür, dass der Gesetzgeber mit § 650g Abs. 4 BGB eine Änderung der Verjährung beabsichtigte.[479]

Keinesfalls unter den Begriff der Vereinbarungen subsumierbar sind hingegen Leistungsverweigerungsrechte infolge bloßer gesetzlicher Schuldverhältnisse, für die damit allenfalls eine analoge Anwendung in Betracht kommt. Für diese spricht, dass aus der Perspektive des Gläubigers unerheblich ist, ob er einen Anspruch infolge einer vertraglichen oder gesetzlichen Regelung nicht durchsetzen kann. Solange der Schuldner ein Leistungsverweigerungsrecht hat, dass der Gläubiger nicht einseitig beseitigen kann, ist er an einer Durchsetzung seines Anspruchs gehindert. In allen diesen Fällen sollten also auch die verjährungsrechtlichen Regelungen gleichermaßen gelten. Allerdings fehlt es in diesen Fällen an jeder Mitwirkung des Schuldners an der Begründung des Leistungsverweigerungsrechts und an einer Regelungslücke für die Anwendung auf nicht auf eine Vereinbarung rückführbare Leistungsverweigerungsrechte.[480]

Eine Erstreckung des § 205 auf sämtliche gesetzlichen Leistungsverweigerungsrecht, die auf eine Vereinbarung zurückzuführen sind, geht aber ebenfalls noch zu weit, wie § 215 zeigt:

§ 215 regelt Aufrechnung und Zurückbehaltungsrecht nach Eintritt der Verjährung. Danach schließt die Verjährung die Aufrechnung und die Geltendmachung eines Zurückbehaltungsrechts nicht aus, wenn der Anspruch in dem Zeitpunkt noch nicht verjährt war, in dem erstmals aufgerechnet oder die Leistung verweigert werden konnte. Daraus folgt zugleich: Die Verjährung kann trotz bestehender Aufrechnungsmöglichkeit und trotz eines Zurückbehaltungsrechts eintreten. Entsprechendes folgt aus den Sonderregelungen für einige bestimmte Zurückbehaltungsrechte, namentlich §§ 821, 853, 438 und 634a Abs. 4 Satz 2. Diese Rechte müssen damit vom Anwendungsbereich des § 205 ausgeschieden werden.

§ 215 behandelt nach seinem Wortlaut zwar das Zurückbehaltungsrecht, aber möglicherweise[481] nicht die Einrede des nicht erfüllten Vertrages (§ 320). Nimmt man an, dass auch § 320 einer Verjährung nicht entgegensteht, hätte eine Unanwendbarkeit des § 215 auf § 320 die seltsame Konsequenz, dass zwar der § 273

479 Vgl. bereits oben Fn. 44.

480 *Budzikiewicz* in NK-BGB, § 199 Rn. 15.

481 Es ist umstritten, ob § 320 ein Zurückbehaltungsrecht oder ein Leistungsverweigerungsrecht begründet, vgl. *Kiehnle*, Jura 2010, 481 (484) mwN.; vgl. auch *Roth* § 14 I.

nach Verjährungseintritt fortbesteht, nicht hingegen die Einrede des § 320.[482] Es wird deshalb vielfach vertreten, dass § 215 auch § 320 erfasst.[483] Dagegen könnte neben dem Wortlaut des § 215 auch die stärkere Natur der Einrede des nicht erfüllten Vertrages sprechen, die beispielsweise nicht einfach durch Sicherheitsleistung abgewendet werden kann. Um dem gerecht zu werden ließe sich alternativ § 205 auf das Leistungsverweigerungsrecht aus § 320 erstrecken. Auch dieses Leistungsverweigerungsrecht beruht nämlich auf einem Vertrag, der schließlich das Synallagma begründet, und damit auf einer Vereinbarung. Es kann auch insoweit keinen Unterschied machen, ob die Parteien explizit vereinbart haben, dass die Leistungen Zug um Zug zu erbringen sind, oder ob dies aus § 320 folgt. Die Einrede des nicht erfüllten Vertrages ist aber gleichwohl schwächer als die fehlende Fälligkeit. Sie führt im Prozess nämlich lediglich zu einer Zug-um-Zug-Verurteilung (§ 322), nicht zur Klageabweisung als derzeit unbegründet. Der historische Gesetzgeber hat die Einrede des nicht erfüllten Vertrages in § 202 Abs. 2 a.F. denn auch explizit ausgenommen. Das erscheint auch weiterhin richtig, denn der Regelung des § 320 kann hinreichend über § 215 Rechnung getragen werden. Einer Erstreckung des § 205 auf § 320 bedarf es nicht. Vielmehr genügt es, § 205 auf Regelungen zur Fälligkeit anzuwenden.

3. Regelungsabsicht des Gesetzgebers

Die Regelungsabsicht des Gesetzgebers ist bereits oben (II.3) dargestellt worden. Eine für die Auslegung maßgebliche Einschränkung über den Wortlaut hinaus ist dem jedenfalls nicht zu entnehmen. Vielmehr bestand erhebliche Unklarheit über den Anwendungsbereich des § 205. Der Wortlaut erscheint vielmehr zu eng geraten, wenn man die Anknüpfung an Vereinbarungen so versteht, dass auch gesetzliche Fälligkeitsregelungen, die an vertragliche Vereinbarungen anknüpfen (wie zum Beispiel §§ 641 und 650g Abs. 4), ausgenommen sein sollen.

---

482 Viele halten sogar genau das umgekehrte Ergebnis für richtig, vgl. *Roth* § 4 IV 2 f. mwN.

483 Vgl. nur BGH, Urteil vom 19. 5. 2006 - V ZR 40/05 Rn. 8 ff. = NJW 2006, 2773 (2774) - mit der bemerkenswerten Feststellung, dass die Hauptforderung bei Eintritt der Verjährung bereits entstanden sein muss, Fälligkeit der Hauptforderung aber nicht erforderlich sei.

4. Objektiv-teleologische Kriterien

§ 205 beruht auf dem Gedanken, dass die Verjährung grundsätzlich nicht ablaufen darf, so lange der Gläubiger an einer Rechtsverfolgung gehindert ist, weil seinem Anspruch ein (vorübergehendes) Leistungsverweigerungsrecht des Schuldners entgegensteht. Dafür kommt es auf den Grund des Leistungsverweigerungsrechts (Gesetz oder Vereinbarung) nicht an.

Die Verwirklichung dieses auf Gerechtigkeitserwägungen zurückführbaren Gedankens ist auf verschiedene Weise möglich.

Der Grundgedanke verträgt wegen seines Gerechtigkeitsgehalts nur Ausnahmen in begrenztem Umfang. Erforderlich ist jedoch eine Ausnahme für solche Leistungsverweigerungsrechte, die der Gläubiger selbst überwinden kann.[484] Diese Ausnahme deckt sich mit dem Grundgedanken der früheren Regelung in § 202 Abs. 2 a.F.

Die aktuelle Regelung sieht solche Ausnahmen nicht mehr vor, ist jedoch auf vereinbarte Leistungsverweigerungsrechte beschränkt. Diese Beschränkung ist nur dann mit dem Gerechtigkeitsgehalt des Grundgedankens zu vereinbaren, wenn man dem Gläubiger beim Bestehen für ihn einseitig unüberwindlicher gesetzlicher Leistungsverweigerungsrechte wie der fehlenden Fälligkeit entweder schützt, in dem schon ein Verjährungsbeginn ausgeschlossen wird, oder ihm die Erhebung einer Feststellungsklage zur Verjährungshemmung zumuten möchte. Ersteres entspricht bei dem anfänglich bestehenden einseitig unüberwindlichen Leistungsverweigerungsrecht der fehlenden Fälligkeit der heute allgemein vertretenen Auffassung. Letzteres würde eine Abkehr von dem durch diese Auffassung vertretenen Dogma bedeuten, dass die Verjährung regelmäßig (Ausnahme: Schadenseinheit) nur dann laufen könne, wenn der Gläubiger seinen Anspruch gerade im Wege der Leistungsklage verfolgen kann. Es hat sich allerdings bereits gezeigt, dass der Verjährungsbeginn nicht von prozessualen Möglichkeiten abhängen kann (vgl. oben E VII 2 a) und die Fälligkeit keine Voraussetzung der Entstehung eines Anspruchs ist (vgl. oben E VII 2 b). Auch wenn man vom Gläubiger die Erhebung einer Feststellungsklage zur Verjährungshemmung verlangen könnte, so erscheint dies vor dem Hintergrund der Verjährungszwecke wenig sinnvoll: So lange der Anspruch nicht fällig ist, liegt eine Hemmung näher. Sie vermeidet unnötige Prozesse und bewahrt die Parteien so zugleich vor erheblichen Kosten der Anspruchssicherung. Das spricht

---

484 Vgl. *Piekenbrock* in BeckOGK BGB, Stand 1.5.2021, § 199 Rn. 34 f. zur Rechnungsstellung.

aber dafür, jedenfalls bestimmte gesetzliche Leistungsverweigerungsrechte den vereinbarten gleichzustellen.

5. Verfassungskonforme Auslegung

Die oben ausgeführten objektiv-teleologischen Argumente spiegeln sich auch in einer verfassungskonformen Auslegung wider.

Der (vermögensrechtliche) Anspruch ist von Art. 14 GG geschützt. Damit ist es nicht vereinbar, dem Gläubiger diese Position im Interesse des Schuldners und der Rechtssicherheit entschädigungslos zu entziehen, ohne ihm eine angemessene Möglichkeit der Abwehr zu geben. Wie diese angemessene Möglichkeit der Abwehr auszugestalten ist, insbesondere welcher Zeitraum und welches Mittel dem Gläubiger hierfür zur Verfügung stehen müssen, ist dem Verfassungsrecht nicht unmittelbar zu entnehmen (vgl. dazu auch bereits oben II.5). Selbst wenn man gegenüber dem Gläubiger zur Hemmung der Verjährung eine Feststellungsklage binnen drei Jahren nach Entstehung von noch nicht fälligen Ansprüchen für zumutbar hält, wäre eine solche Regelung wenig sinnvoll: Solange der Schuldner nicht leisten muss, sollte ihn der Gläubiger auch nicht verklagen müssen.

6. Zwischenergebnis

Wortlaut und Regelungsabsicht des Gesetzgebers stehen einer Auslegung des Begriffs der Vereinbarung nicht entgegen, die auch mittelbare anfängliche Fälligkeitsvereinbarungen erfasst. Es genügt daher grundsätzlich jedwede Vereinbarung zwischen Schuldner und Gläubiger, auf die das vorübergehende Leistungsverweigerungsrecht der fehlenden Fälligkeit des Schuldners zurückführbar ist. Das gilt auch dann, wenn die Vereinbarung in einem Rechtsgeschäft besteht, an das das Gesetz nur mittelbar ein Leistungsverweigerungsrecht wegen fehlender Fälligkeit knüpft.

Es kann keinen Unterscheid machen, ob die Parteien ein solches Leistungsverweigerungsrecht (überflüssigerweise) in einer Vereinbarung nachvollzogen haben, oder hierauf mit Blick auf die eine etwaige ohnehin bestehende gesetzliche Regelung verzichteten. Andernfalls verlangte man von den Parteien, an sich überflüssige Regelungen zu treffen, um eine verjährungsrechtliche Anerkennung gesetzlicher Leistungsverweigerungsrechte zu erreichen.

Die Auslegung darf aber nicht uferlos erfolgen. Obwohl der Gesetzgeber § 202 Abs. 2 a.F. gestrichen hat, in dem von einer Hemmungswirkung ausgenommene Leistungsverweigerungsrechte benannt waren, kommt in diesen Fällen auch weiterhin keine Hemmung in Betracht. Dies gilt unabhängig davon, ob die

Parteien darüber eine vertragliche Vereinbarung geschlossen haben oder sich das Recht aus dem Gesetz ergibt. Insbesondere die Einrede des nicht erfüllten Vertrages und das Zurückbehaltungsrecht begründen keine Hemmung gemäß § 205, wie § 215 zeigt.

IV. Wirkung der Hemmung

Mit der Bestimmung des Anwendungsbereichs der Hemmung ist noch nichts über die Frage seiner Wirkung gesagt. Sie ist § 209 geregelt. Danach gilt Folgendes:

> *„Der Zeitraum, während dessen die Verjährung gehemmt ist, wird in die Verjährungsfrist nicht eingerechnet."*

Vor der Schuldrechtsreform war eine wortgleiche Regelung in § 205 a.F. enthalten.[485] In dieser Hinsicht hat die Schuldrechtsreform also keine Änderungen gebracht.

Ausgehend von der allgemeinen Auffassung sind zwei Fallgruppen zu unterscheiden, nämlich die nachträgliche Hemmung, bei der der Hemmungstatbestand erst nach dem Verjährungsbeginn eintritt, und die anfängliche Hemmung, bei der der Hemmungstatbestand schon zum Verjährungsbeginn vorlag.

1. Nachträgliche Hemmung

Soweit ersichtlich besteht Einigkeit darüber, dass - wenn eine Hemmung gem. § 205 zu einem Zeitpunkt eingreift, der nach dem Verjährungsbeginn liegt - diese Hemmung für die Zeit ihrer Dauer den weiteren Ablauf der Verjährungsfrist aufhält, d.h. die Verjährung ruht. Der Hemmungszeitraum wird also in die Verjährungsfrist nicht einberechnet.[486] Die restliche Verjährungsfrist läuft grundsätzlich erst nach Wegfall der Hemmung weiter ab.[487]

Hat also der Lauf einer regelmäßigen Verjährungsfrist beispielsweise am 01.01.2019 begonnen und greift vom 01.03.2019 – 31.03.2019 eine Hemmung gem. § 205 ein, so wird die Zeit vom 01.03.2019 – 31.03.2019 bei der Berechnung der Verjährungsfrist ausgeklammert, d.h. eine Frist, die normalerweise mit

485 Die Regelung war schon früh ganz ähnlich formuliert, vgl. *Jakobs/Schubert*, S.1098: *„Der Zeitraum, während dessen eine Hemmung der Verjährung besteht, wird in die Verjährungszeit nicht eingerechnet"*.

486 *Henrich* in BeckOK, BGB, § 209 Rn. 1; *Grothe* in MüKo, BGB, § 209 Rn. 1.

487 *Hausen*, BB 1952, 963, 963.

Ablauf des 31.12.2020 geendet hätte, endet in dem Beispiel wegen der einmonatigen Hemmung im März erst mit Ablauf des 31.01.2021.

2. Anfängliche Hemmung

Liegen die Voraussetzungen einer Hemmung gem. § 205 schon mit Beginn des Verjährungslaufs vor, so ist - soweit überhaupt eine Auseinandersetzung mit dieser von der überwiegenden Auffassung allein unter § 199 Abs. 1 Nr. 1 gefassten Konstellation erfolgt - streitig, welche Wirkungen daraus folgen.

Nach § 209 liegt es zunächst nahe, diesen Fall ebenso zu behandeln, wie den der nachträglichen Hemmung. Ist also ein Anspruch beispielsweise am 31.12.2018 entstanden und würde deshalb der Lauf einer regelmäßigen Verjährungsfrist an sich am 01.01.2019 beginnen, greift aber am 31.12.2018 ein bis zum 02.01.2019 währendes, die Voraussetzungen des § 205 erfüllendes, Leistungsverweigerungsrecht (z.B. eine Stundung), so greift vom 01.01.2019 – 02.01.2019 eine Hemmung gem. § 205 ein und diese Zeit wird bei der Berechnung der Verjährungsfrist ausgeklammert, d.h. die Frist, die normalerweise mit Ablauf des 31.12.2021 enden würde, endet in dem Beispiel wegen der zweitägigen Hemmung mit Ablauf des 02.01.2022.

Nach ganz überwiegender Auffassung soll hingegen beim anfänglichen Fehlen der Durchsetzbarkeit, insbesondere mangels Fälligkeit, allein ein Fall des § 199 Abs. 1 Nr. 1 vorliegen.[488] Da die Fälligkeit nach dieser Auffassung Voraussetzung der Anspruchsentstehung ist, beginne die Verjährung entsprechend später (in dem Beispiel entstünde der Anspruch danach erst am 03.01.2019 und der Verjährungsbeginn läge infolge der sog. Ultimo-Regel erst mit Schluss des Jahres 2019 vor und endet erst mit Ablauf des 31.12.2022). Wenn die Fälligkeitsverschiebung also über einen Jahreswechsel hinaus reicht (z.B. wie hier vom 31.12. auf den 03.01. des Folgejahres), kann die Ultimo-Verjährung somit eine Verjährungsverlängerung von knapp einem Jahr auslösen.[489]

Nach anderer Auffassung liege bei der anfänglichen Hemmung zwar ein Fall des § 205 vor, dieser müsse aber im Ergebnis mit der ursprünglichen

488 BGH, Urteil vom 24.10.1991 – IX ZR 18/91 = NJW-RR 1992, 254, 255; Staudinger/*Dilcher,* 12.Auflage, § 202 a.F. Rn. 5; *Grothe* in MüKo, § 205 Rn. 1, 3; *Pohlmann,* Jura 2005, 1, 6; *Büdenbender,* JuS 1997, 481, 489 (mit dem Hinweis, der Hemmungsgrund des § 202 BGB a.F. sei die konsequente Folge der Definition des Verjährungsbeginns nach § 198 BGB a.F. in der Interpretation der höchstrichterlichen Rechtsprechung.).

489 Auch *Piekenbrock* in BeckOGK BGB, Stand 1.5.2021, § 199 Rn. 16.3 hebt anhand eines Beispiels hervor, dass die verschiedenen Auffassungen zu unterschiedlichen Ergebnissen führen können.

Fälligkeitsvereinbarung gleichbehandelt werden,[490] was zu demselben Ergebnis wie dem zuletzt Dargestellten führt.

Es wurde bereits umfassend dargelegt, dass die Entstehung des Anspruchs und damit der Verjährungsbeginn eine Fälligkeit nach der gesetzlichen Regelung nicht voraussetzt.[491] Die fehlende Fälligkeit hindert damit den Verjährungsbeginn nicht.[492]

Ein Grund, warum die anfängliche Hemmung zu einer umfangreicheren Hemmungswirkung führen sollte, als die nachträgliche, ist nicht ersichtlich. Es ist auch schwer verständlich, warum der Gläubiger einseitig durch die bloße Verschiebung des Zeitpunkts der Stellung seiner die Fälligkeit begründenden Rechnung in einer Weise, die die Fälligkeit um wenige Tage ins nächste Jahr verschiebt, die Verjährungsfrist um fast ein Jahr soll verlängern können. Richtig erscheint es deshalb allein, sowohl bei der nachträglichen als auch bei der anfänglichen Hemmung ein Ruhen des Verjährungslaufs nur für die Dauer der jeweiligen Hemmung anzunehmen. Das allein entspricht auch dem Wortlaut der Regelung, der beide Fälle nicht unterscheidet.

Zwar wird durch die hier vorgeschlagene Hemmung die Verjährungskontrolle für den Gläubiger erschwert, denn die Verjährungsfrist endet in der Folge nicht mehr regelmäßig mit dem Jahresschluss. Zum einen unterliegen aber längst nicht alle Ansprüche der Ultimoverjährung, wie etwa die praktisch bedeutsamen Mängelrechte zeigen. Ferner kann der früheste Verjährungseintritt unter Ausblendung der Fälligkeit nach wie vor über die Ultimoverjährung ermittelt werden. Im Übrigen führt auch sonst das Eingreifen von Hemmungstatbeständen - auch bei Ansprüchen die der Ultimoverjährung unterliegen – zu einem vom Jahressschluss abweichenden Verjährungseintritt. Der Nachteil der erschwerten Kontrolle wird zudem durch den höheren Gerechtigkeitsgehalt insbesondere bei nur kurz nach Jahreswechsel eintretenden Fälligkeitsterminen aufgewogen. Außerdem ermöglicht die Anwendung des § 205 flexiblere Lösungen in den Fällen, in denen der Gläubiger die Fälligkeit und damit den Verjährungslauf verhindert.

---

490 *Peters/Jacoby* in Staudinger, BGB, § 205 Rn. 6; hilfsweise auch BGH, Urteil vom 04.06.1981 – VII ZR 212/80 juris Rn. 20 = NJW 1981, 2343, 2344.

491 Vgl. oben E.

492 Die noch abweichende Fassung des § 161 E I, nach der eine Hemmung auch dem Verjährungsbeginn entgegengestanden hätte (*Jakobs/Schubert*, S. 1059), wurde nicht Gesetz. Vgl. auch oben Fn. 268.

3. Teilweise Hemmung?

Für solche Fälle, in denen ein Leistungsverweigerungsrecht nur gegenüber einem Teil eines einheitlichen Anspruchs besteht, zum Beispiel weil dieser teilweise noch nicht fällig ist, ist unklar, ob auch eine teilweise Hemmung in Betracht kommt.

a. Allgemeines

Die Hemmung ist anerkanntermaßen auf den eingeklagten Teil einer Forderung beschränkt, wenn eine Teilklage erhoben wird.[493] Entsprechendes gilt, wenn nur über einen Teil eines Anspruchs verhandelt wird.[494] Grundsätzlich möglich ist die teilweise Hemmung also.

Das bedeutet allerdings nicht, dass die Hemmung auch in allen Fällen teilweise bestehender Leistungsverweigerungsrechte teilweise eintritt. Immerhin beruhen die Teilklage und die teilweise Verhandlung aufgrund einer Entscheidung des Gläubigers, den Anspruch nur teilweise zu verfolgen, obwohl auch eine vollständige Verfolgung möglich gewesen wäre. Demgegenüber hindert ein teilweises Leistungsverweigerungsrecht den Gläubiger daran, den betroffenen Teil seines Anspruchs zu verfolgen. Er hat also zumindest bei den hier allein relevanten dilatorischen Einreden praktisch die Wahl, zunächst den Wegfall der Einrede abzuwarten, um anschließend den gesamten Anspruch einheitlich geltend zu machen, oder gleich wenigstens den durchsetzbaren Teil seines Anspruchs zu verfolgen. Damit kommt für die Verjährungshemmung infolge des teilweisen Leistungsverweigerungsrechts in Betracht: eine Hemmung des gesamten Anspruchs (zumindest in vollem Umfang ist dieser schließlich nicht durchsetzbar), eine teilweise Hemmung im Umfang des Leistungsverweigerungsrechts

---

493 BGH, Urteil vom 09.01.2008 – XII ZR 33/06 = NJW-RR 2008, 521 Rn. 14 f.; RG, Urteil vom 10.07.1911 – VI 373/10 = RGZ 77, 213, 215 f. (noch zur Unterbrechung); RG, Urteil vom 24.03.1904 – VI 460/03 = RGZ 57, 372, 373 ff. m.w.N. (noch zur Unterbrechung); *Henrich* in BeckOK BGB, § 204 Rn. 18; *Grothe* in MüKo, BGB, § 204 Rn. 14.

494 Zunächst ist jedoch im Wege der Auslegung zu klären, was Gegenstand der Verhandlung ist. Im Zweifel sind das alle Ansprüche, die sich aus einem Lebenssachverhalt für den Gläubiger ergeben können und auf ein ähnliches Gläubigerinteresse ausgerichtet sind (BGH, Urteil vom 05.06.2014 – VII ZR 285/12 = NJW-RR 2014, 981 Rn. 12; *Grothe* in MüKo, BGB, § 203 Rn. 7). Wenn sich aber aus dem Willen der Verhandlungsparteien eindeutig ergibt, dass diese nur über einen abtrennbaren Teil verhandelt haben, wirkt die Hemmung nicht für den anderen Teil (BGH, Urteil vom 19.11.1997 – IV ZR 357/96 = NJW 1998, 1142).

oder die Ablehnung jeder Hemmung (weil dem Anspruch insgesamt eben gerade kein Leitungsverweigerungsrecht entgegensteht). Die Frage soll hier aber nicht weiter vertieft werden, weil sie für die Entstehung des Anspruchs keine grundsätzliche Bedeutung hat.

b. Hemmung bis zum Eintritt zukünftiger weiterer Schäden?

Der Gesetzgeber hat für bereits entstandene Schadensersatzansprüche, auch soweit zukünftige Schäden noch nicht eingetreten sind, eine einheitliche Verjährung beabsichtigt (sog. Grundsatz der Schadenseinheit).[495] Deshalb kommt insoweit eine teilweise Verjährungshemmung für zukünftige Schäden wegen fehlender Durchsetzbarkeit (und erst recht eine vollständige Hemmung des Anspruchs aus demselben Grunde) im Ergebnis nicht in Betracht. Das erscheint mit § 205 ohne dogmatischen Bruch vereinbar. Zwar kann man in der Tat nicht sagen, dass der (Teil-) Anspruch auf Ersatz zukünftiger Schäden bereits heute fällig ist.[496] Wenn man mit dem Grundsatz von der Schadenseinheit von einem einheitlichen Anspruch ausgeht, ist dieser zwar mit dem Eintritt des ersten Schadens entstanden, seine volle Höhe erreicht er aber erst, wenn der letzte zukünftige Schaden eintritt. Das bedeutet aber nicht, dass deshalb ein Leistungsverweigerungsrecht i.S.d. § 205 vorliegt. Denn insoweit fehlt es einerseits an einer Vereinbarung, andererseits angesichts des klaren Willens des Gesetzgebers zur Geltung des Grundsatzes der Schadenseinheit aber auch an einem Spielraum für eine dahingehende Auslegung.

4. Zwischenergebnis

Die Hemmung der Verjährung gem. § 205 erfasst grundsätzlich auch den Fall der fehlenden Fälligkeit, nicht aber den Teilanspruch bereits entstandener Schadensersatzansprüche auf Ersatz für zukünftige weitere Schäden.

Die Hemmung gem. § 205 führt dazu, dass die Verjährungsfrist für die Dauer der Hemmung nicht abläuft. Das gilt bei nachträglicher und anfänglicher Hemmung gleichermaßen. Fehlende Fälligkeit hat also nicht zur Folge, dass sich die Entstehung des Anspruchs und damit der Zeitpunkt des Verjährungsbeginns unter Anwendung der Ultimo-Verjährung bis zur Fälligkeit verschiebt, sondern nur, dass die Verjährungsfrist bis zur Fälligkeit nicht abläuft.

---

495 BT-Drs. 14/7052, S. 180.

496 BT-Drs. 14/7052, S. 180.

G. Gesamtergebnis

Der Anspruch entsteht, wenn die Voraussetzungen seines jeweiligen Tatbestands erfüllt sind. Etwaig für seine Entstehung vereinbarte aufschiebende Bedingungen oder Genehmigungen müssen eingetreten bzw. erteilt sein. Klagbarkeit, Einredefreiheit, insbesondere Fälligkeit, oder die Geltendmachung verhaltener Ansprüche sind hingegen keine Voraussetzungen der Entstehung des Anspruchs.

Der gesetzliche Anknüpfungspunkt der Entstehung des Anspruchs schließt dogmatisch eine Begründung des Verjährungsbeginns mit der prozessualen Folgefrage der Klagbarkeit aus. Zwar ist es zutreffend, dass ein entstandener Anspruch regelmäßig im Wege der Leistungsklage durchsetzbar sein wird. Das ist aber rechtlich die Folge seiner Entstehung, nicht umgekehrt. Deshalb kann die Klagbarkeit argumentativ allenfalls zur Verdeutlichung eines anderweitig (nämlich materiellrechtlich) begründeten Ergebnisses herangezogen werden. Definitionsmerkmal kann sie hingegen nicht sein.

Für den Verjährungsbeginn kann noch weniger damit argumentiert werden, ob eine Feststellungsklage zur Verjährungshemmung erhoben werden kann. Vielmehr hängt gerade umgekehrt die Frage, ob eine Feststellungsklage erhoben werden kann davon ab, ob der Kläger ein Feststellungsinteresse hat. Dies wiederum kann insbesondere dann angenommen werden, wenn darin seine einzige Möglichkeit liegt, den Lauf der Verjährung aufzuhalten, insbesondere also dann, wenn eine Leistungsklage aus irgendwelchen Gründen ausnahmsweise nicht möglich ist.

Die Entstehung des Anspruchs verlangt an sich nur, dass seine tatbestandlichen Voraussetzungen sämtlich vorliegen. Dazu ist auch der Eintritt von Bedingungen oder die Erklärung einer etwa erforderlichen Genehmigung etc. notwendig.

Die Entstehung des Anspruchs hängt nicht davon ab, ob dieser fällig ist. Der Gesetzgeber geht aber gleichwohl zu Recht für den tatsächlichen Beginn des Laufs der Verjährung davon aus, dass dieser regelmäßig mit der Fälligkeit des Anspruchs zusammenfällt. Das ist schon deshalb zutreffend, weil das Gesetz regelmäßig davon ausgeht, dass ein entstandener Anspruch auch sofort fällig ist (§ 271). Aber auch wenn eine Ausnahme von dieser Regel anzunehmen - der Anspruch also nicht sofort fällig - ist, dann läuft die Verjährung regelmäßig ebenfalls noch nicht ab. Dies folgt jedoch nicht aus einer mangels Fälligkeit verzögerten Anspruchsentstehung, sondern aus einer Hemmung der Verjährung gem. § 205. Im Ergebnis führt das Fehlen der Fälligkeit deshalb zu einer Verlängerung der Verjährungsfrist um den Zeitraum der Hemmung, der in ihren Lauf fällt, also die Zeit vom Beginn der Verjährung und bis zum Ende der Hemmung.

Abweichend von der heute allgemein vertretenen Auffassung ergibt sich insbesondere in solchen Fällen, in denen die Fälligkeit erst im Kalenderjahr nach der Entstehung des Anspruchs liegt, aus der hier vertretenen Auffassung ein wesentlich anderes Ergebnis bei der Berechnung von Verjährungsfristen (vgl. dazu oben F.IV.2). Eine Verlegung des Verjährungsbeginns auf das Jahresende (sog. Ultimo-Regel) wird nämlich durch eine Hemmung, die auch im Fall der fehlenden Fälligkeit eingreift, nicht bewirkt.

Die hier vertretene Auffassung dient der Korrektur im Laufe der Gesetzesreformen entstandener unbeabsichtigter konstruktiver Brüche im Verjährungsrecht. Diese Korrektur kann nur durch eine Auslegung gelingen, die sich im Grenzbereich des im Wege der Auslegung gerade noch Zulässigen bewegt, wie beispielsweise die Erstreckung des § 205 auf solche gesetzliche Fälligkeitsregelungen zeigt, die auf vertragliche Vereinbarungen rückführbar sind (vgl. F.III.6). Wünschenswert wäre es deshalb, wenn der Gesetzgeber eine in sich stimmige Neuregelung des Verjährungsrechts schafft, der ein einheitliches Verständnis des Begriffs der Anspruchsentstehung zugrunde liegt und die klare Regelungen zum Umgang mit der fehlenden Fälligkeit gleich ob infolge Gesetzes, anfänglicher oder nachträglicher Vereinbarung einschließlich Stundung bereithält.

Literaturverzeichnis

Achilles, Alexander/ Greiff, Joachim: BGB, 21. Auflage, Berlin 1958

Alexy, Robert: Theorie der juristischen Argumentation: die Theorie des rationalen Diskurses als Theorie der juristischen Begründung, 3. Auflage, Frankfurt am Main 1996

Damm, Reinhard: Kommentar zum Bürgerlichen Gesetzbuch, Band 1, Allgemeiner Teil, Neuwied 1987

Armbrüster, Christian: Verjährbarkeit der Vindikation? – Zugleich ein Beitrag zu den Zwecken der Verjährung, in: FS HP Westermann, S. 53 – 66

Baumbach, Adolf / Hopt, Klaus J.: Handelsgesetzbuch, 40. Auflage, München 2021

Baumgärtel, Gottfried / Laumen, Hans-Willi / Prütting, Hanns: Handbuch der Beweislast, Bürgerliches Gesetzbuch Allgemeiner Teil, 3. Auflage, Köln 2008

beck-online.GROSSKOMMENTAR BGB, München 2021

Beck'scher Online-Kommentar zum BGB, 57. Edition, München 2021

Biermann, Johannes: Bürgerliches Recht, Erster Band, Allgemeine Lehren und Personenrecht, Berlin 1908

Birr, Christiane: Verjährung und Verwirkung, 2. Auflage, Berlin 2006

Brox, Hans / Walker, Wolf-Dietrich: Allgemeiner Teil des BGB, 44. Auflage, München 2020

Bruggner-Wolter, Micaela: Verjährung bei Schadensersatz aus Schutzpflichtverletzung, Berlin 1993

Büdenbender, Ulrich: Die Verjährung zivilrechtlicher Ansprüche, JuS 1997, S. 481 – 490

Budzikiewicz, Christine: „Stehengelassene" Sicherungsgrundschulden: Beginn der Verjährung des Rückgewähranspruchs, ZGS 2002, 357

Budzikiewicz, Christine: Keine Unverjährbarkeit des Anspruchs auf Rückgewähr der „stehengelassenen" Grundschuld, ZGS 2002, 276 – 280.

Bürgerliches Gesetzbuch mit besonderer Berücksichtigung der Rechtsprechung des Reichsgerichts und des Bundesgerichtshofes, Band 1, 12. Auflage, Berlin 1982, Band 3, Teil 2, 12. Auflage, Berlin 1996

Bydlinski, Franz: Bewegliches System und juristische Methodenlehre, in: Das Bewegliche System im geltenden und künftigen Recht, S. 21 – 42, Wien 1986

Bydlinski, Franz: Juristische Methodenlehre und Rechtsbegriff, 2. Auflage, Wien 1991

Coing, Helmut: Europäisches Privatrecht, Bd. I, Älteres Gemeines Recht (1500-1800), München 1985, Bd. II, 19. Jahrhundert, Überblick über die Entwicklung des Privatrechts in den ehemals gemeinrechtlichen Ländern, München 1989

Cosack, Konrad / Mitteis, Heinrich: Lehrbuch des bürgerlichen Rechts, Erster Band, 8. Auflage, Jena 1927

Crome, Carl: System des Deutschen Bürgerlichen Rechts, Erster Band, Einleitung und Allgemeiner Teil, Tübingen 1900

Depenheuer, Otto: Der Wortlaut als Grenze: Thesen zu einem Topos der Verfassungsinterpretation, Heidelberg 1988

Dernburg, Heinrich: Die allgemeinen Lehren des bürgerlichen Rechts des Deutschen Reichs und Preußens, 3.Auflage, Halle a.S. 1906

Dernburg, Heinrich: Pandekten, 6. Auflage, Band 1: Allgemeiner Theil, Berlin 1900

Dörner, Heinrich / Staudinger, Julius von: Schuldrechtsmodernisierungsgesetz, 1. Auflage, Baden-Baden 2002

Eck, Ernst: Vorträge über das Recht des Bürgerlichen Gesetzbuchs, Band I, 1.und 2. Auflage, Breslau 1902

Egert, Hans: Die Rechtsbedingung im System des bürgerlichen Rechts, Berlin 1974

Eichel, Florian: Die fortschreitende Konturierung des „neuen" Verjährungsrechts, NJW 2019, S. 393 – 397

Eidenmüller, Horst: Ökonomik der Verjährungsregeln, in: Schulze/Schulte-Nölke (Hrsg.), Die Schuldrechtsreform vor dem Hintergrund des Gemeinschaftsrechts, Tübingen 2001

Endemann, Friedrich: Einführung in das Studium des Bürgerlichen Gesetzbuchs, Lehrbuch des Bürgerlichen Rechts, Erster Band, Einleitung; Allgemeiner Theil; Recht der Schuldverhältnisse, 5. Auflage, Berlin 1899

Enneccerus, Ludwig: Lehrbuch des bürgerlichen Rechts, Band 1, 1. Abteilung, 4./5. Auflage, Marburg 1909

Enneccerus, Ludwig / Nipperdey, Hans Carl: Lehrbuch des bürgerlichen Rechts, Erster Band, Allgemeiner Teil des bürgerlichen Rechts, Zweiter Halbband: Entstehung, Untergang und Veränderung der Rechte, Ansprüche und Einreden, Ausübung und Sicherung der Rechte, 15. Auflage, Tübingen 1960

Erman, Walter (Begr.): Bürgerliches Gesetzbuch, Handkommentar, Band I, 16. Auflage, Köln 2020; Band I, 9. Auflage, Münster 1993 (dann unter Angabe der Auflage)

Flume, Werner: Allgemeiner Teil des Bürgerlichen Rechts, Zweiter Band, Das Rechtsgeschäft, 4. Auflage, Berlin 1992

Gernhuber, Joachim: Die Erfüllung und ihre Surrogate sowie das Erlöschen der Schuldverhältnisse aus anderen Gründen, 2. Auflage, Tübingen 1994

Gieke, Otto von: Dauernde Schuldverhältnisse, Jherings Jahrbücher für die Dogmatik des bürgerlichen Rechts, 64. Band (1914), S. 355 – 411

Goldmann, Eduard / Lilienthal, Leo: Das Bürgerliche Gesetzbuch systematisch dargestellt, 2. Auflage, Band 1, Allgemeiner Theil und Recht der Schuldverhältnisse, Berlin 1903

Grimm, Jacob / Grimm, Wilhelm: Deutsches Wörterbuch, Dritter Band, E-Forsche, Leipzig 1862

Hadding, Walther / Hopt, Klaus J. / Schimansky, Herbert: Bankrechtstag 2002, Neues Schuldrecht und Bankgeschäfte: Wissenszurechnung bei Kreditinstituten, Berlin 2003

Harnisch, Max: Der Beginn der Anspruchsverjährung nach § 198 BGB, Borna-Leipzig 1907

Haug, Henner: Die Neuregelung des Verjährungsrechts, Baden-Baden 1999

Hausen, H.: Die Hemmung der Verjährung, BB 1952, S. 963 – 965

Heidel, Thomas / Hüßtege, Rainer / Mansel, Heinz-Peter / Noack, Ulrich: Nomos-Kommentar BGB, Bd. 1: Allgemeiner Teil, EGBGB, 4. Auflage, Bonn 2021

Heinrichs, Helmut: Reform des Verjährungsrechts?, NJW 1982, S. 2021 – 2027

Heinrichs, Helmut: Entwurf eines Schuldrechtsmodernisierungsgesetzes: Neuregelung des Verjährungsrechts, BB, 2001, S. 1417 – 1423

Hellwig, Konrad: Anspruch und Klagrecht, Beiträge zum bürgerlichen und zum Prozessrecht, Jena 1900

Heyne, Moritz: Deutsches Wörterbuch, Erster Band, A-G, 2. Auflage, Leipzig 1905

Hölder, Eduard: Kommentar zum allgemeinen Teil des Bürgerlichen Gesetzbuchs, München 1900

Hölder, Eduard: Anspruch und Klagerecht, in: Zeitschrift für Deutschen Civilprozess, Bd. 29 (1901), S. 50 – 85

Hölder, Eduard: Der Fristbeginn bei der Verjährung des § 196 BGB, Das Recht 1906, S. 279 – 281

Hölder, Eduard: Der Fristbeginn bei der Verjährung des § 196 BGB, Das Recht 1906, S. 363 – 364

Hübner, Heinz: Allgemeiner Teil des Bürgerlichen Gesetzbuchs, 2. Auflage, Berlin 1996

Jahr, Günther: Die Einrede des bürgerlichen Rechts, JuS 1964, 125 ff., 218 ff., 293 ff.

Jakobs, Horst Heinrich / Schubert, Werner: Die Beratung des Bürgerlichen Gesetzbuchs in systematischer Zusammenstellung der unveröffentlichten Quellen, Allgemeiner Teil, §§ 1 – 240, 2.Teilband, Berlin 1985

Jauernig, Othmar: Bürgerliches Gesetzbuch, Kommentar, 18. Auflage, München 2021

Kandelhard, Ronald: Ist es wirklich schon zu spät? – Zum Ablauf der allgemeinen Verjährungsfrist nach intertemporalem Verjährungsrecht -, NJW 2005, 630

Klaucke, Richard: Der Beginn der Anspruchsverjährung, Borna-Leipzig 1910

Knops, Kai-Oliver: Verjährungsbeginn durch Anspruchsentstehung bei Schadensersatz-ansprüchen – insbesondere nach den §§ 37a und d WpHG –, AcP 205 (2005), 821 – 857

Koch, Hans-Joachim / Rüßmann, Helmut: Juristische Begründungslehre, München 1982

Kohler, Josef: Lehrbuch des Bürgerlichen Rechts, 1. Band, Allgemeiner Teil, Berlin 1906

Kollmann, Andreas: Begriffs- und Problemgeschichte des Verhältnisses von formellem und materiellem Recht, Berlin 1996

Kornilakis, Angelos: Wesen und Funktion der Verjährung im Rahmen des deutschen und englischen Schuldrechts, Berlin 2002

Krämer, Ulrich: Die Neuregelung des Verjährungsrechts im Schuldrechtsmodernisierungs-gesetz, Gießen/Göttingen 2002

Landsberg, Ernst: Das Recht des Bürgerlichen Gesetzbuches vom 18. August 1896, Band 1, Berlin 1904

Langheineken, Paul: Anspruch und Einrede nach dem Deutschen Bürgerlichen Gesetzbuch, Leipzig 1903

Larenz, Karl: Methodenlehre der Rechtswissenschaft, 6. Auflage, Berlin 1991

Leenen, Detlef: BGB Allgemeiner Teil: Rechtsgeschäftslehre, 2. Auflage, Berlin 2015

Mansel, Heinz-Peter: Die geplante Reform des Verjährungsrechts, in: Wolfgang Ernst/ Reinhard Zimmermann (Hrsg.), Zivilrechtswissenschaft und Schuldrechtsreform. Zum Diskussionsentwurf eines Schuldrechtsmodernisierungsgesetzes des Bundesministeriums der Justiz, Tübingen 2001, S. 333 - 423

Mansel, Heinz-Peter / Budzikiewicz, Christine: Das neue Verjährungsrecht, Köln 2002

Matthias, Bernhard: Lehrbuch des bürgerlichen Rechts, Band 1, 3. Auflage, Berlin 1900

Medicus, Dieter / Petersen, Jens: Allgemeiner Teil des BGB, 11. Auflage, Heidelberg 2016

Meisner, Johann Der allgemeine Teil des deutschen Bürgerlichen Gesetzbuchs, Breslau 1898

Merschformann, Ralf: Der Umfang der Verjährungsunterbrechung durch Klageerhebung, Berlin 1992

Moufang, Oliver: Das Verhältnis der Ausschlussfristen zur Verjährung, Frankfurt am Main 1996

Mugdan, Benno: Die gesamten Materialien zum Bürgerlichen Gesetzbuch für das Deutsche Reich, 1. Einführungsgesetz und Allgemeiner Teil, Berlin 1899

Mülbert, Peter O.: Das verzinsliche Darlehen, Konsensualvertrag statt Realkontrakt – oder: synallagmatisches Entgelt statt akzessorischer Zinsen, AcP 192 (1992), S. 447 – 515

Müller, Gustav / Meikel, Georg: Das Bürgerliche Recht in seiner neuen Gestaltung, 1. Band, München 1899

Münchener Kommentar zum Bürgerlichen Gesetzbuch, Band 1, Allgemeiner Teil, §§ 1-240, ProstG, AGG, 8. Auflage, München 2018; (dann unter Angabe der Auflage) 3. Auflage, München 1993; Band 2, Schuldrecht - Allgemeiner Teil 1, §§ 241-304, 8. Auflage, München 2019; Band 4 Besonderer Teil I §§ 433-534, 8. Auflage, München 2019; Band 8 Sachenrecht §§ 854-1296, 8. Auflage, München 2020

Musielak, Hans-Joachim / Voit, Wolfang: Zivilprozessordnung, 17. Auflage, München 2020

Neumann, Hugo: Handausgabe des Bürgerlichen Gesetzbuchs für das Deutsche Reich, Band 1, 4. Auflage, Berlin 1905

Neuner, Jörg: Allgemeiner Teil des Bürgerlichen Rechts, 12. Auflage, München 2020; unter Angabe der Auflage; 9. Auflage, München 2004

Oetker, Hartmut: Die Verjährung, Strukturen eines allgemeinen Rechtsinstituts, Baden-Baden 1994

Otte, Gerhard: Verjährt der Anspruch auf Rückgewähr einer stehengelassenen Sicherungsgrundschuld schon in 10 Jahren?, ZGS 2002, 57

Palandt, Otto: Bürgerliches Gesetzbuch, 80. Auflage, München 2021 und (dann unter Angabe der Auflage) 59. Auflage, München 2000

Panier, Alexander: Der Grundsatz der Schadenseinheit, Frankfurt am Main 2009

Perwein, Sigmund: Die Rechte der GmbH nach dem Kapitalerhaltungsgrundsatz, Verjährungsfalle für den Auszahlungsanspruch des Gesellschafters?, in: GmbHR 2006, S. 1149 – 1151

Peters, Frank / Zimmermann, Reinhard: Gutachten und Vorschläge zur Überarbeitung des Schuldrechts, Köln 1981

Peters, Frank: Die Kenntnis vom Schaden als Verjährungsvoraussetzung bei § 852 I BGB, JZ 1983, S. 121 – 125

Peters, Frank / Zimmermann, Reinhard: Verjährungsfristen. Der Einfluß von Fristen auf Schuldverhältnisse; Möglichkeiten der Vereinheitlichung von Verjährungsfristen, Köln 1980

Piekenbrock, Andreas: Befristung, Verjährung, Verschweigung und Verwirkung: eine rechtsvergleichende Grundlagenstudie zu Rechtsänderungen durch Zeitablauf, Tübingen 2006

Piekenbrock, Andreas: Die Reform des Verjährungsrechts: Ausweg oder Irrweg? *JbJZivRWiss 2001, S. 309 - 339.*

Planck, Gottlieb: Bürgerliches Gesetzbuch nebst Einführungsgesetz, Band I, Einleitung und Allgemeiner Teil, 3. Auflage, Berlin 1903

Pohlmann, Petra: Verjährung, Jura 2005, S. – 8

Prütting, Hanns / Wegen, Gerhard / Weinreich, Gerd: Bürgerliches Gesetzbuch, 15. Auflage, Köln 2020

Puchta, Georg Friedrich: Vorlesungen über das heutige römische Recht, 5. Auflage, Tauchnitz 1862

Regelsberger, Ferdinand: Pandekten, Band 1, Leipzig 1893

Rehbein, Hugo: Das Bürgerliche Gesetzbuch mit Erläuterungen für das Studium und die Praxis, Band 1: Allgemeiner Teil, Berlin 1899

Reinicke, Dietrich / Tiedtke, Klaus: Verjährung eines Anspruchs vor seiner Entstehung, ZIP 1999, S. 1905 – 1908

Rieble, Volker: Die Verjährung „verhaltener" Ansprüche - am Beispiel der Vertragsstrafe, NJW 2004, S. 2270 – 2273

Roll, Hans Achim: Wandlungen im Verjährungsrecht, WM 1977, S. 1214 – 1221

Roth, Herberth: Die Einrede des Bürgerlichen Rechts, München 1988

Sachs, Michael: Grundgesetz, 7. Auflage, München 2014

Savigny, Friedrich Carl von: System des heutigen römischen Rechts, Band 5, Berlin 1841

Schapp, Jan: Das Zivilrecht als Anspruchssystem, JuS 1992, S. 537 – 544

Schmal, Karl Philipp / Trapp, Dan Bastian: Der Beginn der Verjährungsfrist bei EuGH-induzierten Rechtsprechungsänderungen, NJW 2015, S. 6 – 10

Schmidt-Futterer, Wolfgang (Begr.): Mietrecht, Großkommentar des Wohn- und Gewerberaummietrechts, 14. Auflage, München 2019

Schmoeckel, Mathias / Rückert, Joachim / Zimmermann, Reinhard: Historisch-kritischer Kommentar zum BGB, Band I, Allgemeiner Teil, §§ 1 - 240, Bonn 2003

Scholz, Franz: Die Rechtssicherheit, Berlin 1955

Schröter, Ottomar: Der Beginn der Anspruchsverjährung, namentlich im Falle des § 196 BGB, Borna-Leipzig 1913

Schulze, Reiner: Bürgerliches Gesetzbuch, Handkommentar, 10. Auflage, Baden-Baden 2019

Schur, Wolfgang: Anspruch, absolutes Recht und Rechtsverhältnis im öffentlichen Recht entwickelt aus dem Zivilrecht, Berlin 1993

Simshäuser, Wilhelm: Zur Entwicklung des Verhältnisses von materiellem Recht und Prozeßrecht bei Savigny, Eine Untersuchung am Beispiel rechtsfremder Klagen, Bielefeld 1965

Soergel, Hans-Theodor (Begr.): Bürgerliches Gesetzbuch mit Einführungsgestz und Nebengesetzen (BGB), Band 2, Allgemeiner Teil 2: §§ 104-240 BGB, 13. Auflage, Stuttgart 1999; Band 8, Schuldrecht 6 §§ 535-610, 13. Auflage, Stand 2007, Stuttgart 2007

Spiro, Karl: Die Begrenzung privater Rechte durch Verjährungs-, Verwirkungs- und Fatalfristen, Band I, Bern 1975

Staudinger, Julius von (Begr.): Kommentar zum Bürgerlichen Gesetzbuch, Buch 1, Allgemeiner Teil, Berlin, Neubearbeitung 2019; Unter Angabe der Auflage: Band 1, 5./6. Auflage, München und Berlin 1910; Buch 2, Recht der Schuldverhältnisse, §§ 488-490, 607-609 (Darlehensrecht), Berlin Neubearbeitung 2015

Stöber, Michael: Die Verjährung von Ansprüchen auf Schadensersatz statt der Leistung, in: ZGS 2005, S. 290 – 295

Tesarczysk, Walter: Überlegungen zum Verjährungsrecht, seine Mängel, seine Rechtfertigung und seine Reform, in Karlsruher Forum 1991, (Versicherungsrecht; Sonderheft), S. 16

Thon, August: Rechtsnorm und subjektives Recht: Untersuchungen zur allgemeinen Rechtslehre, Neudruck der Ausgabe Weimar 1878, Aalen 1964

Tuhr, Andreas von: Der Allgemeine Teil des Deutschen Bürgerlichen Rechts, Erster Band, Berlin 1910, Zweiter Band, Zweite Hälfte, Berlin 1918

Unterholzner, Karl August Dominik: Ausführliche Entwickelung der gesamten Verjährungslehre aus den gemeinen in Deutschland geltenden Rechten, Teil 1, Einleitung und allgemeiner Theil des Verjährungsrechts, 2. Auflage, Leipzig 1858

Unterrieder, Matthias: Die regelmäßige Verjährung: Die §§ 195 bis 202 BGB und ihre Reform, Berlin 1998

Vangerow, Karl Adolph von: Lehrbuch der Pandekten, 7. Auflage, Band 1, Marburg 1863

Vieweg, Klaus (Hrsg.): Juris PraxisKommentar BGB Band 1 – Allgemeiner Teil, 9. Auflage, Saarbrücken 2020

Voit, Wolfgang: Verjährung des Erfüllungsanspruchs beim Bauvertrag, NJW 2019, S. 3190 - 3192

Wahrig, Gerhard: Deutsches Wörterbuch, Neuausgabe München 1986

Wassermann, Rudolf: Reihe Alternativkommentare, Kommentar zum Bürgerlichen Gesetzbuch, Band 1, Allgemeiner Teil, Neuwied 1987

Wertenbruch, Johannes: BGB, Allgemeiner Teil, 4. Auflage, München 2017

Windscheid, Bernhard: Die Actio des römischen Civilrechts, vom Standpunkte des heutigen Rechts, Düsseldorf 1856

Windscheid, Bernhard: Lehrbuch des Pandektenrechts, 5. Auflage, Band 1, Stuttgart 1879

Wolf, Manfred: Die Befreiung des Verjährungsrechts vom Streitgegenstandsdenken, in: Festschrift für Ekkehard Schumann zum 70. Geburtstag, Tübingen 2001, S. 579 – 594

Wurz, Hanns: Feststellungsurteil und Verjährung einzelner Unfallfolgen, NJW 1960, S. 470 – 471

Zachariae, Hans: Der Beginn der Anspruchsverjährung nach dem Bürgerlichen Gesetzbuche, Jena 1910

Zeranski, Dirk: Der Rückforderungsanspruch des verarmten Schenkers, Berlin 1998

Zimmermann, Reinhard / Leenen, Detlef / Mansel, Heinz-Peter / Ernst, Wolfgang: Finis Litium? Zum Verjährungsrecht nach dem Regierungsentwurf eines Schuldrechtsmodernisierungsgesetztes, JZ 2001, S. 684 – 699

Zimmermann, Reinhard: Die Verjährung, JuS 1984, S. 409 – 422

Zippelius, Reinhold: Auslegung als Legitimationsproblem, in FS Larenz, München 1983, S. 739 – 747

Zippelius, Reinhold: Juristische Methodenlehre: eine Einführung, 12.Auflage, München 2021

www.ingramcontent.com/pod-product-compliance
Lightning Source LLC
Chambersburg PA
CBHW061255220326
41599CB00028B/5663